Lehrerbegleitbuch

Denkperspektiven

Ethik · Philosophie

Gymnasiale Oberstufe

Von Wolfgang Luutz

MILITZKE

Impressum

Autor: Dr. Wolfgang Luutz

Lektorat: Dr. Eveline Luutz

Umschlag: Thomas Butsch

Satz und Gestaltung: Claudia Hofmann

Druck und Binden: ScandinavianBook.de, Bremen

ISBN: 978-3-86189-521-3

Homepage des Verlages: www.militzke.de

Inhaltsverzeichnis

Die Abkürzungen bedeuten:
AB - Arbeitsblatt
ÜB - Übersicht
A - Aufgaben
Q - Quellentext
TE - Zusatztext

II. UNTERRICHTSMATERIALIEN

Vorwort

Liebe Lehrerinnen und Lehrer,
warum, werden Sie sich fragen, könnte es sich lohnen, ein solches Buch zu erwerben?
Das Ziel dieses Lehrerbegleitbuches besteht darin, Ihnen, die Sie in der gymnasialen Oberstufe Ethik bzw. Philosophie unterrichten oder sich auf eine solche Aufgabe vorbereiten, Anregungen für die Arbeit mit dem Lehrbuch „Denkperspektiven. Ethik/Philosophie Gymnasiale Oberstufe" (Militzke-Verlag, Leipzig 2010) zu geben.

Neben Erläuterungen inhaltlicher Art enthält es detaillierte methodische Vorschläge und direkte Arbeitshinweise für die Unterrichtsgestaltung.

Die Grundidee, nach der das Lehrerbegleitbuch gestaltet wurde, ist selbst an ein didaktisches Prinzip angelehnt, nämlich Methoden inhaltsbezogen darzustellen und die Auswahl von Inhalten an Bildungs- und Erziehungszielen auszurichten.

Begonnen wird deshalb immer mit der Darstellung der **übergreifenden Ziele**, die der jeweiligen thematischen Einheit zugrunde liegen. Es werden Überlegungen dazu angestellt, wozu die Beschäftigung mit dem zur Diskussion stehenden philosophischen Thema dienen, um die Ausprägung welcher Kompetenzen bei den Schülern es gehen soll.

Darauf aufbauend erfolgt eine Zusammenfassung der **inhaltlichen Schwerpunkte** des jeweiligen Abschnitts. Die Lehrer erhalten einen Überblick darüber, welche Fragen im Mittelpunkt der Darstellung stehen, welche philosophischen Grunderkenntnisse in Umsetzung des Anliegens vor allem vermittelt werden sollen.

Im Anschluss daran werden Vorschläge für einen **schülerorientierten Einstieg** unterbreitet. Wir halten die Bündelung solcher Überlegungen in einem extra Abschnitt für gerechtfertigt, da die Motivation der Schüler, ihre Bereitschaft, sich überhaupt auf philosophische Reflexionen einzulassen, für die Unterrichtsgestaltung von besonderer Bedeutung sein dürfte.

Den Hauptteil des Lehrerbegleitbuches machen dann, wie eingangs schon erwähnt, **methodische Vorschläge und Arbeitshinweise** zu den einzelnen Unterabschnitten des Lehrbuches aus. Zudem werden hier Vorschläge unterbreitet, welche Materialien man eventuell noch ergänzend zum Lehrbuch im Unterricht verwenden könnte. Um sich schnell orientieren zu können, finden Sie am Rand kurze Verweise auf Lehrbuchseiten, vorgeschlagene Methoden und Arbeitsaufgaben sowie auf zusätzliche Materialien. Die Maginalienpalte können Sie selbstverständlich auch für eigene Notizen nutzen.

Bei der inhaltlichen und methodischen Durchdringung der im Lehrbuch dargestellten Themenbereiche werden Schwerpunkte gesetzt. Es werden also nicht zu sämtlichen Abschnitten gleichermaßen detaillierte Arbeitshinweise gegeben. Das Anliegen des Lehrerbegleitbuches ist es ja nicht, die Fragen und Aufgaben des Lehrbuches zu ersetzen, sondern sie an bestimmten Stellen zu ergänzen.

Außerdem gibt es am Ende jedes Abschnittes eine **Auswahl weiterführender Literatur**, die Sie für die Vorbereitung des jeweiligen Themenbereichs nutzen können.

Im Teil II des Lehrerbegleitbuches „Unterrichtsmaterialien", etwa gleich umfänglich wie der erste Teil, finden Sie dann eine nach Lehrbuchabschnitten geordnete Zusammenstellung von **Arbeitsblättern (AB)**, **Texten (TE)** und **Übersichten (ÜB)**. Diese zusätzlichen Materialien wurden vom Verlag als Kopiervorlagen freigegeben und sind natürlich als Angebote zu verstehen. Wir hoffen, Sie damit bei der Gestaltung Ihres Unterrichts unterstützen zu können.

Leipzig, im Januar 2011

1 Begriff und Selbstverständnis der Philosophie

1.1 Philosophieren: Sehnsucht der Menschen nach Erkenntnis und Weisheit

Ziele

Das übergreifende Anliegen des Abschnitts besteht in einer Einführung in die Besonderheiten des philosophischen Denkens, das sich vom alltäglichen Erfahrungswissen ebenso abheben lässt wie vom Vorgehen der exakten Einzelwissenschaften und den Darstellungen der Kunst. Dabei soll ein umfassendes Verständnis von Philosophie entwickelt werden. Deutlich gemacht wird, dass Philosophie nicht vorrangig als eine Lehre zu begreifen ist, sondern vor allem eine Methode und geistige Haltung der beständigen Suche nach Wahrheit darstellt. Ziel ist es daher nicht allein, Wissen über das Fach Philosophie zu vermitteln, sondern die Schüler zum **Philosophieren** zu befähigen.

Inhaltliche Schwerpunkte

Einführend wird gefragt, wie berühmte Philosophen ihre Tätigkeit beschreiben. Im Mittelpunkt stehen dabei Darstellungen aus der Innensicht der Philosophie.

Davon ausgehend wird einem Gedanken nachgegangen, der sich als wesentliche Schnittstelle unterschiedlicher Auffassungen über das Wesen der Philosophie erweist: Es geht um das Verständnis der Philosophie als „Lebensform".

Weitere Fragen, die in diesem Abschnitt aufgeworfen werden, sind:

- Was veranlasst Menschen zum Philosophieren, was treibt sie an?
- Welche Teilgebiete der Philosophie lassen sich unterscheiden, worin besteht ihr innerer Zusammenhang?
- Welche Rolle spielt die Kenntnis der Geschichte der Philosophie für das Verständnis der Philosophie selbst? Inwiefern haben klassische Texte – z.B. aus der Antike – in der Philosophie eine ungleich größere Bedeutung als in der Physik oder Chemie?

Einstiegsvorschläge

Um einen Einstieg in die Diskussion zu finden, sollte das Vorverständnis der Schüler in Bezug auf „Philosophie" erfragt und bewusst gemacht werden. Jede Schülerin/ jeder Schüler hat die Möglichkeit, kurz darzustellen, welche Assoziationen sie/er mit dem Wort Philosophie verbindet, welche (Vor-)Urteile über Philosophie ihr/ihm zu Ohren gekommen sind.

Die Schülermeinungen werden vom Lehrer zunächst unkommentiert gesammelt und an der Tafel notiert. Anschließend erhalten die Schüler die Aufgabe, die Auffassungen danach zu gruppieren, ob ein eher positives oder negatives Werturteil zur Philosophie vorliegt.

Methodische – und Arbeitshinweise

1.1.1 Selbstverständnis von Philosophen

S. 8 f.

Auf *S. 8 f.* findet sich eine Zusammenstellung von Texten, in der Philosophen unterschiedlicher Epochen und Richtungen über ihr „Geschäft", ihre Tätigkeit Auskunft geben. Zusätzlich kann für die Deutung des kurzen Heidegger-Zitates der *TE Die Schwere des Denkens und der Gedanken* herangezogen werden.

TE Die Schwere des Denkens und der Gedanken

bildhaft darstellen

Nach der Interpretation der verschiedenen Textauszüge erhalten die Schüler die Aufgabe, *bildhaft darzustellen*, wie die Philosophen sich selbst und ihre Arbeit sehen. Dazu fertigen sie eine (Strichmännchen-) Zeichnung an, auf der sie einen Philosophen mit der für ihn typischen Gestik, mit für ihn typischen Gegenständen, in einer für ihn typischen Umgebung, darstellen.

S. 10
Stellung nehmen

Der Text von Schischkoff (*S. 10*) wird dann zur Vertiefung der Frage, was ein Philosoph ist und kann, herangezogen: Die Schüler *nehmen Stellung zu* der dort dargestellten *Auffassung*, dass ein Philosoph weder Künstler, noch Religionsstifter, noch Wissenschaftler ist und dennoch bei der Suche nach Wahrheit diese drei Momente zur Hilfe nimmt.

Metaphern suchen

Deutung der Metapher

Im Anschluss daran wird die dem Philosophen zugesprochene „Weltfremdheit" näher beleuchtet. Die Schüler *suchen* zunächst nach *Metaphern*, mit denen diese Weltfremdheit des Philosophen üblicherweise zum Ausdruck gebracht wird. Dem schließt sich die Frage an, ob die Weltfremdheit des Philosophen, die zumeist ja negativ bewertet wird, nicht eine produktive Erkenntnishaltung sein kann. Um Impulse für die Suche nach einer Antwort zu finden, werden die Schüler zur *Deutung* der *geläufigen Metapher* vom Philosophen, der auf einem hohen Berg steht, von dem aus er auf die Niederungen des menschlichen Lebens schaut, aufgefordert. Zu fragen wäre: Was kommt aus dieser besonderen Perspektive in den Blick, was im Getümmel des täglichen Lebens vielleicht untergeht, was bleibt dagegen verborgen?

1.1.2 Philosophie und philosophische Haltung als Lebensform

Leitfrage rekonstruieren
S. 10 f.

Der Abschnitt enthält eine Aneinanderreihung von Quellentexten, was leicht dazu führen kann, dass die Schüler die Übersicht verlieren. Deshalb sollte zunächst die *Leitfrage* des Abschnittes, die sich aus dem Autorentext am Beginn des Abschnitts (*S. 10 f.*) *rekonstruieren* lässt, erarbeitet werden. Sie lautet: Was ist charakteristisch für die Philosophie, insofern sie nicht vorrangig als eine Lehre bzw. Theorie, sondern als besondere Tätigkeit bzw. **Lebensform** aufgefasst wird?

Die Schüler sollen zunächst eigene Vorschläge unterbreiten, was man unter Philosophie als Lebensform verstehen kann. Zusätzlich

polemischer Diskussionsanreiz

könnte als *polemischer Diskussionsanreiz* die gegenteilige Behauptung angeführt werden, dass Philosophie ein Beruf wie jeder andere ist und dass man zwischen der beruflichen Tätigkeit einerseits und dem persönlichen Leben andererseits unterscheiden müsse.

S. 11

Dann wird die Position von Karl Jaspers (*S. 11*) näher beleuchtet, der den Begriff der (philosophischen) Lebensform im Sinne einer geistigen Haltung des beständigen Strebens nach Wahrheit einführt. Um diese geistige Haltung genauer zu bestimmen, werden die Schüler aufgefordert, nach *Gegenbegriffen*, diametral entgegengesetzten geistigen Haltungen zu *suchen*, etwa:

Gegenbegriffe suchen

- fraglose Hinnahme des Gegebenen,
- sich im Besitz der absoluten Wahrheit wähnen,
- letzte endgültige Antworten erwarten,
- blindes Vertrauen auf die überkommene Meinung von Autoritäten.

S. 12 ff.

Auf *S. 12 ff.* sind dann unter der Überschrift „Philosophieren als Haltung und Lebensform" Textauszüge verschiedener Philosophen zusammengefasst, in denen jeweils versucht wird, Merkmale des Philosophierens im Sinne einer besonderen Geisteshaltung zu erfassen. Die Schüler sollen untersuchen, ob es in den *verschiedenen Auffassungen* zu dem, was spezifisch für das Philosophieren ist, eine *gemeinsame Schnittmenge* gibt und worin diese unter Umständen besteht. Angeführt werden könnte etwa Plickats Position, dass vor allem das skeptische Nachhaken für die philosophische Haltung charakteristisch ist.

verschiedene Auffassungen – gemeinsame Schnittmenge

Aufgabe, S. 14

Die *Aufgabe* aus dem Lehrbuch (*S. 14*), diese philosophische Haltung des unerschütterlichen Weiterfragens dadurch zu üben, dass die Schüler aufgefordert werden, selbst drei Fragen zu formulieren und diese in einem *Denktagebuch* festzuhalten, sollte von der Denkrichtung her präzisiert werden. Möglich wäre es zum Beispiel, sich kritisch fragend auf weit verbreitete Meinungen über den technologischen, kulturellen oder sozialen Fortschritt zu beziehen. Alternativ könnten auch selbstverständliche moralische Grundnormen wie „Du sollst nicht lügen" oder „Du sollst nicht töten" „hinterfragt" werden.

Denktagebuch

Mit Philosophie als „Lebensform" sind aber immer auch ihre Auswirkungen auf die eigene Lebensführung, den Lebensstil gemeint. In der neueren Philosophie ist diese Verbindung von philosophischem Werk und Leben besonders von Kant verkörpert worden. Genutzt werden kann zur Verdeutlichung dieses Gedankens der *TE Kant oder die Pünktlichkeit des Denkens*.

TE Kant oder die Pünktlichkeit des Denkens

S. 15

Im abschließenden Teil des Unterabschnittes (*S. 15*) findet sich ein Text von Marcel, in dem für ein bestimmtes Philosophieverständnis im Sinne einer Wächterrolle der Philosophie plädiert wird. Die Schüler *suchen* zunächst nach *Beispielen*, um dieses Wächteramt zu illustrieren. Angeregt könnte ihr Nachdenken auch durch die Frage werden, in welchen Bereichen menschlichen Tuns sie dieses Wächteramt aktuell für besonders notwendig erachten (etwa im Bereich der Wirtschaft, die kalt ist gegenüber den Bedürfnissen der Menschen).

Beispiele suchen

Alternativen zum Bild

Dann könnte gefragt werden, welche *Alternativen zum Bild* des Wächters es gibt, um die Rolle der Philosophie in der Welt zu beschreiben: Um Denkanstöße zu geben, könnten durch den Lehrer eine

Metaphernliste
Metaphern deuten

bestimmte *Metaphernliste* vorgegeben werden. In Betracht kämen etwa Bilder von der Philosophie als Elfenbeinturm, als Fackel bzw. Licht oder als Eule, die erst in der Dämmerung zu ihrem Flug ansetzt. Die Schüler erhalten die Aufgabe, die *Metaphern* unter dem Gesichtspunkt zu *deuten*, welche Sicht auf die Rolle der Philosophie mit ihrer Verwendung verbunden ist.

1.1.3 Beweggründe für das Philosophieren

Problemstellung

Wiederum sollte der Schüler zuerst eine Vorstellung von der *Problemstellung*, um die es in diesem Unterabschnitt geht, bekommen. Deshalb sollte am Beginn gefragt werden, was mit dem Ausdruck „Beweggrund" überhaupt gemeint ist (es geht um die Suche danach, was die Menschen zu einer Tätigkeit motiviert, was sie antreibt, den Anstoß gibt für ihr Tun).

S. 15 f.
Suche nach Begriffen im semantischen Umfeld
Fazit

Erst dann sollten die Texte von Aristoteles und Jaspers (*S. 15 f.*), in denen Verwunderung/ Staunen als Beweggrund zum Philosophieren betrachtet wird, herangezogen werden. Die Schüler sollen die *These begründen*, dass die Haltung der Verwunderung eine produktive geistige Haltung sein kann. Als Anhaltspunkt könnte die *Suche nach Begriffen im semantischen Umfeld* dienen (etwa: Irritation, Innehalten, Aufmerken, Neusehen etc.). Um die Spezifik dieser *Haltung der Verwunderung* zu ergründen, sollten die Schüler sie zudem von einer sprachlich ähnlich bezeichneten, aber gänzlich anderen Haltung, dem „Glauben an Wunder", *abgrenzen*. Man könnte dann folgendes *Fazit* ziehen: Wer an Wunder glaubt, Wunder als Wunder hinnimmt, verspürt kaum ein Bedürfnis, weiter zu fragen. Hingegen ist die Haltung der Verwunderung Anlass dazu, tiefer über das Gegebene nachzudenken. Wundern in diesem Sinne liefert im Gegensatz zum Wunder-Glauben den Beweggrund für ein Wissen-Wollen.

S. 17 f.
Kernaussagen des Textes zusammenfassen

Als weiteres wichtiges Motiv für das Philosophieren wird im Unterabschnitt auf *S. 17 f.* das menschliche Bedürfnis nach Selbsterkenntnis herausgestellt. Die auf antike Wurzeln zurückgehende mittelalterliche Position, pointiert dargestellt von Bernhard von Clairvaux, dürfte für die Schüler gut nachvollziehbar sein. Die Schüler erhalten zunächst die Aufgabe, die *Kernaussagen des Textes zusammenzufassen*.

zeitgemäße Übersetzungen finden
Denktagebuch

In einem zweiten Schritt sollten in einer Gruppendiskussion *zeitgemäße Übersetzungen* für die von Clairvaux entwickelten Techniken der Selbsterkenntnis *gefunden* werden: Zu klären ist zum Beispiel, was mit „unter mir", „neben mir" und „über mir" heute gemeint sein kann. Darauf aufbauend könnten die Schüler angeregt werden, über die Relevanz der ins Heute transformierten Techniken für die eigene Selbsterkenntnis nachzudenken. Die Ergebnisse dieser – methodisch angeleiteten – Selbstreflexionen sollten sie einem *Denktagebuch* anvertrauen.

vergleichen mit S. 19 f.
Tafelbild

In einem weiteren Arbeitsschritt *vergleichen* die Schüler dieses Verständnis von Selbsterkenntnis *mit* der auf *S. 19 f.* dargestellten *Hegelschen Position*. Das Ergebnis könnte in einem *Tafelbild* festgehalten werden. Um die Antwortrichtung anzudeuten: „Erkenne dich selbst" kann aufgefasst werden im Sinne einer sich **an jeden Einzelnen** richtenden Forderung, die Erkenntnis auf sich selbst zu richten, sich in seiner jeweiligen Lage, mit seinen **besonderen** geistigen Fähigkeiten und Grenzen zu erkennen. Hegel sieht die Aufgabe der Philosophie hingegen nicht darin, das je Besondere des individuellen Menschen zu erfassen, sondern das **Eigentümliche des Menschen als Gattungswesen**, das, was ihn wahrhaft als Menschen ausmacht, herauszuarbeiten. Für Hegel ist das Wahrhafte des Menschen der sich in der Welt entfaltende Geist, die Vernunft. Dieses Wahrhafte, so ein weiteres Unterscheidungsmerkmal, kommt nach Hegel vor allem in der **Philosophie**, in Sonderheit in der Hegelschen Philosophie selbst, zu Bewusstsein.

1.1.4 Teilgebiete der Philosophie und ihr Zusammenhang

S. 22

Im Text von Kant (*S. 22*) werden zentrale Fragen formuliert, mit denen es die philosophische Erkenntnis zu tun hat. Der Inhalt dieser berühmten *vier Fragen* sollte von den Schülern zunächst einmal *mit eigenen Worten wiedergegeben* werden und dann zu der Übersicht über wichtige Teilgebiete der Philosophie (*S. 21*) in Beziehung gesetzt werden.

mit eigenen Worten wiedergeben
S. 21

Zur Erläuterung der Bedeutung der Kantschen Unterscheidungen kann das *AB Eine Auswahl philosophischer Fragen* herangezogen werden. Die Schüler erhalten die Aufgabe, die in der linken Spalte enthaltenen, ganz zufällig ausgewählten, philosophischen Fragestellungen den von Kant formulierten Hauptfragen eins bis vier zuzuordnen. In die rechte Spalte tragen sie die aus ihrer Sicht zutreffende Ziffer ein. Die Themen der linken Spalte, die die Schüler nicht eindeutig einzuordnen vermögen, werden mit einem Fragezeichen versehen.

AB Eine Auswahl philosophischer Fragen

Anschließend werden die *Ergebnisse* in der Gruppe vorgestellt und *argumentativ verteidigt*. In der Diskussion ist auch zu klären, ob für manche Fragen mehrere Zuordnungen möglich sind und ob sich alle Fragen der Liste überhaupt ohne Rest unter die vier Kantschen Fragen subsumieren lassen.

Ergebnisse argumentativ verteidigen

1.1.5 Entwicklung des philosophischen Denkens und Umgang mit der Tradition

Es sollte einführend deutlich gemacht werden, dass der fortwährende Bezug auf die eigene Geschichte für das Selbstverständnis und den Begriff der Philosophie zentral ist. Die ausgewählten Texte liefern für diese These leider nur begrenzt Anhaltspunkte.

Problemfragen

Zu Beginn werden die Schüler deshalb mit folgenden *Problemfragen* konfrontiert:

- Warum werden im Rahmen der philosophischen Ausbildung an Schulen und Universitäten heute noch Platon, Kant oder Hegel gelesen, gibt es keine zeitgemäßeren, leichter verständlichen Texte?
- Weshalb hat der Bezug auf klassische Texte im Rahmen der Klärung systematischer Fragen in der Philosophie offenbar einen ganz anderen Stellenwert als zum Beispiel in der Physik oder Chemie?

Als eine mögliche Antwort auf die Frage nach dem Sinn der Beschäftigung mit der eigenen Geschichte könnte die von Kant gegebene (*S. 25*) herangezogen werden.

S. 25
Brainstorming

Die Schüler könnten im Rahmen eines *Brainstormings* auch selbst versuchen eine Antwort auf obige Problemfragen zu finden: *Antwortrichtungen* könnten etwa sein:

Antwortrichtungen

- Es gibt im Rahmen der philosophischen Reflexion immer wiederkehrende Themen und Fragen von zeitloser Geltung.
- Das Philosophieren als Methode der Suche nach Wahrheit, als souveräne geistige Haltung ist anhand der klassischen Texte besonders gut zu üben.
- Aus der Analyse von Fehlern, die von Denkern in der Vergangenheit gemacht wurden, lässt sich am besten lernen, welche Sackgassen man im Rahmen des eigenen philosophischen Nachdenkens vermeiden sollte.
- In Kontrast zu anderen Auffassungen aus der philosophischen Tradition lässt sich die Bedeutung der eigenen philosophischen Position besser darstellen.
- Das Wahre in der Philosophie ist das Ganze und wird erst durch Kenntnis seines Gewordenseins, seiner geistigen Quellen verständlich.

S. 23

Erst auf der Grundlage dieser Positionierung zum besonderen Stellenwert der Philosophiegeschichte für das Selbstverständnis der Philosophie ist es nun möglich, dem Vorschlag des Lehrbuchs auf *S. 23* folgend, über unterschiedliche Wege des Umgangs mit der Tradition im Rahmen verschiedener philosophischer Strömungen nachzudenken. Um die Besonderheiten der im Autorentext dargestellten Wege zu erfassen, werden die Schüler aufgefordert, dafür treffende *Überschriften zu bilden*. Sollten sich die Schüler mit dieser Aufgabe schwer tun, könnten durch den Lehrer auch Titelvorschläge gemacht werden, die von den Schülern dann den Wegen zuzuordnen sind (etwa: „Allgemeinmenschliche Fragen“, „Teil – Ganzes“, „Erkenntnisfortschritt“, „Zeitliche Ordnung“, „Steinbruchverfahren“).

Überschriften bilden

Literaturauswahl

Gaarder, Jostein: Sofies Welt. Roman über die Geschichte der Philosophie. Hanser, München/Wien 2000
Maggy, Bryan: Geschichte der Philosophie. Coventgarden 2007
Rogal, Stefan: Philosophie · Psychologie · Pädagogik. Lektüre- und Arbeitsheft für die Sekundarstufe II. Militzke, Leipzig 2010
Rogal, Stefan: Auswege aus dem Fliegenglas. Militzke, Leipzig 2011
Savater, Fernando: Die Fragen des Lebens. Campus, Frankfurt/New York 2000
Weischedel, Wilhelm: Die philosophische Hintertreppe. 34 große Philosophen in Alltag und Denken. Dtv, München 1993
Heinrich Paschotta: Denken. Abstraktion, Distanz, Autonomie. Plakat
Rolf Beyer: Grundfragen der Philosophie. Von und mit: Bloch, Gadamer, Gehlen, Heidegger, Horkheimer, Jonas u.a.2 CDs. Audio Verlag 2008

1.2 Grundformen des Philosophierens

Ziele

Das Anliegen des Abschnitts besteht darin, zu zeigen, dass es nicht nur **eine** verbindliche Art und Weise des Philosophierens gibt. Niemals, weder in der Geschichte noch in der Gegenwart, hat die Philosophie nur mit einer Stimme gesprochen. Ein Merkmal der philosophischen Reflexion besteht vielmehr darin, dass sie nur im Plural vorkommt. Diese Pluralität soll hier nicht als Manko, sondern als wichtiger Aspekt der Fruchtbarkeit des philosophischen In-Frage-Stellens und Nachdenkens dargestellt werden.
Die Schüler sollen erste Einblicke in wesentliche Grundformen des Philosophierens gewinnen.

Inhaltliche Schwerpunkte

Im Abschnitt 1.2 werden im Wesentlichen drei Grundformen des Philosophierens vorgestellt:
- Philosophie als Aufklärung, als Anleitung zum kritischen Selbstdenken (Kant).
- Philosophie als Denken des Denkens (Descartes),
- Philosophie als dialogisches Denken (Sokrates).

Diese hier dargestellten grundlegenden Arten des Philosophierens werden nicht nur in ihren Möglichkeiten, sondern auch in ihren jeweiligen Grenzen beleuchtet. Daher kommen bei der Darstellung in den einzelnen Unterabschnitten immer auch kritische Stimmen zu Wort.

Einstiegsvorschläge

Als Nachteil könnte sich hier erweisen, dass weder durch einen Quellentext noch durch einen einführenden Autorentext klar gemacht wird, was mit dem Begriff „Grundformen des Philosophierens" überhaupt gemeint ist, wozu er dienen soll. Der den Lehrbuchabschnitt einleitende Kant-Text (S. 25 f.) eignet sich nicht zur Darstellung verschiedener Grundformen des Philosophierens. Er kann aber insofern als Einstieg genutzt werden, als mit seiner Hilfe noch einmal auf eine **Besonderheit des Philosophierens** im Vergleich mit den so genannten exakten Wissenschaften aufmerksam gemacht werden kann, nämlich dass hier die Variationsbreite der vertretenen Positionen viel größer ist. Allerdings bedeutet Breite der Positionen nicht Beliebigkeit. Bei aller Vielfalt existieren grundlegende Linien des Philosophierens.

S. 25 f.

Daran anschließend sollte in der Gruppe der *Begriff* „Grundform" *geklärt* werden. Möglich wäre es z. B., die Schüler durch *Analogiebildung* an dessen Bedeutung heranzuführen. Sie *recherchieren*, in welchen anderen *Kontexten* der Begriff Grundform gebräuchlich ist (z.B.: Grundformen der Erkenntnis – Sinnliches, Rationales; Grundformen des Lebens – Pflanzen, Tiere; etc.).

Begriff klären
Analogiebildung

Beispiele suchen

Eine andere Möglichkeit bestünde darin, zur Untersetzung des Begriffs Grundform das Begriffspaar Art – Gattung heranzuziehen. Die Schüler *suchen* nach *Beispielen* (etwa aus der Biologie), wo dieses Begriffspaar Anwendung findet. Diese Beispiele werden nun wiederum im Sinne einer Analogie für unser Problem fruchtbar gemacht. Mit „Grundformen" sind demnach besondere Arten, Existenzformen von Philosophie gemeint, die sich von anderen Existenzformen unterscheiden und doch in bestimmten allgemeinen (Gattungs-) Merkmalen übereinstimmen. Zusammen machen diese jeweils besonderen Arten geistiger Reflexion das aus, was wir das Feld der Philosophie nennen.

Methodische – und Arbeitshinweise

Aufklärung: Sich am und im Denken orientieren

S. 26 ff.

Der Abschnitt enthält auf den *S. 26 ff.* im Wesentlichen *drei Positionen* zur Philosophie im Sinne von *Aufklärungsphilosophie*: a) die Kantische Position zur Aufklärung selbst; b) die Modifikation dieser Position durch Schiller (der Vernunftgebrauch benötigt unterstützende Charaktereigenschaften wie Mut); c) die Kritik der Aufklärungsphilosophie durch Böhme (die Aufklärung reduziert das menschliche Sein auf Vernunft).

Aufklärungsgedanken problematisieren

Bei der Interpretation der Texte von Kant und Schiller kann den Aufgabenstellungen des Lehrbuches gefolgt werden. Der Aufklärungsgedanke sollte aber stärker als das im Lehrbuch geschieht problematisiert werden. Vorgeschlagen wird die folgende Problemstellung: Seit Erscheinen der Kantschrift (1783) sind über 200 Jahre vergangen. Seitdem hat sich das menschliche Wissen infolge der Fortschritte der Wissenschaften stürmisch entwickelt. Die Epoche, in der wir leben, wird deshalb auch zu Recht als Wissens- oder Informationsgesellschaft bezeichnet. Leben wir aber deshalb in einem „aufgeklärten Zeitalter"?

kritische Einwände
S. 29

Für die Fundierung von *kritischen Einwänden* gegen das Konzept der Aufklärung sollte dann vor allem der Text von Böhme (*S. 29*) genutzt werden. Ergänzend zu den Aufgaben des Lehrbuches könnten die Schüler gefragt werden: Welche Zumutungen an den Menschen sind mit dem Aufklärungsgedanken verbunden, welches (idealisierte) Menschenbild liegt zugrunde?

systematischer Vergleich

AB Philosophie der Aufklärung

Um die Hauptgedanken des Unterabschnitts zusammenzufassen, werden die Schüler abschließend aufgefordert, einen *systematischen Vergleich* dieser drei dargestellten Auffassungen zur Aufklärungsphilosophie vorzunehmen. Genutzt werden kann dafür das *AB Philosophie der Aufklärung*.

1.2.2 Philosophische Meditation: Denken des Denkens

Im Mittelpunkt dieses Unterabschnitts steht die Darstellung der rationalistischen Philosophie Descartes .

Der von Descartes für seine Überlegungen verwendete Begriff der Meditationen könnte bei den Schülern Irritationen hervorrufen.

heute üblicher Gebrauch von „Meditation“

Daher wäre es sinnvoll, zunächst den Unterschied zum *heute üblichen Gebrauch von „Meditation“* zu verdeutlichen. Die Schüler werden gefragt, was sie unter „Meditieren“ verstehen, in welchen *Kontexte* ihnen dieser *Begriff* bereits begegnet ist (evtl. im Kontext der Beschäftigung mit fernöstlichen Religionen, oder aufgefasst im Sinne einer besonderen Technik, die mich zur Erfahrung des Selbst führen soll).

verstehendes Lesen, S. 30 f.

Für das *verstehende Lesen* des Textes von Descartes (*S. 30 f.*) erhalten die Schüler den *orientierenden Hinweis*, auf die Besonderheiten des Descartes schen Verständnisses von Meditationen im Unterschied zu dem heute üblichen Gebrauch zu achten.

S. 32,
Vergleich mit Kants Aufklärungsphilosophie

Vorgeschlagen wird weiterhin, ergänzend zu den Aufgaben des Lehrbuches (*S. 32*) einen *Vergleich* der Leitidee von Descartes „Ich denke, also bin ich“ *mit* dem Leitspruch von *Kants Aufklärungsphilosophie* „Habe Mut, dich deines eigenen Verstandes ohne Leitung eines anderen zu bedienen“ vorzunehmen. Das Ergebnis könnte sein, dass beide Auffassungen inhaltlich gar nicht sehr weit auseinander liegen, man insofern eigentlich nur bedingt von verschiedenen Grundformen des Philosophierens sprechen kann.

S. 32 f.
zentrale Begriffe markieren

Die Texte auf *S. 32 f.* widmen sich der berechtigten Kritik des reinen Denkens. Die Schüler *markieren* die *zentralen Begriffe*, die von den Autoren Pascal, Benn und Precht als Korrektiv der These vom reinen Denken eingeführt werden (Herz/Gefühl, Leben/Materie, Vorsprachliches/Unbewusstes). Anschließend werden diese Begriffe inhaltlich näher bestimmt und zum Ideal des Handelns aus reiner Vernunft in Beziehung gesetzt.

S. 33
Methode des Gedankenexperiments

siehe S. 186 ff.

Den Abschluss des Abschnittes (*S. 33*) bildet eine knappe Bestimmung der *Methode des Gedankenexperiments*. Meines Erachtens ist hier die Gefahr des Trockenschwimmens nicht von der Hand zu weisen. Was an dieser Stelle gemacht werden kann, ist bestenfalls, dass man Überlegungen darüber anstellt, warum diese Methode genau in diesem Unterabschnitt ihren Platz findet, welche inhaltliche Verbindung es mit Descartes rationalistischer Philosophie gibt. Was die Darstellung der Fruchtbarkeit dieser Methode betrifft, sollte man die Schüler aber auf spätere Abschnitte des Lehrbuches (*siehe S. 186 ff.*) verweisen, wo solche Gedankenexperimente gezielt zur Lösung bestimmter philosophischer Probleme eingesetzt werden.

1.2.3 Denken im Dialog: Das Sokratische Gespräch

S. 34 ff.
Orientierungsfragen

Die Schüler lesen zunächst den Text von Platon (*S. 34 ff.*). Sie erhalten dafür folgende *Orientierungsfragen*:

- In welchen Rollen treten die Gesprächspartner auf?
- Wie kann die Gesprächssituation charakterisiert werden?
- Wie lässt sich der Gesprächsverlauf einschätzen?
- Zu welchem Ergebnis führt das Gespräch?

Begriffe im Umfeld

Ausgehend davon kann eine erste Bestimmung der Methode des Sokratischen Gesprächs vorgenommen werden. Zur Klärung der Bedeutung sollten auch *Begriffe im Umfeld*, die mitunter sogar als Synonyme verwendet werden, insbesondere „Dialog“ und „Hebammenkunst“, herangezogen werden.

Arbeit in Gruppen

S. 37 f.

systematische Unterscheidungskriterien entwickeln

Ergebnisse verteidigen

Anschließend sollen Schüler durch *Arbeit in Gruppen* herausarbeiten, wodurch sich das heutige übliche Verständnis der Sokratischen Methode (siehe dazu den Text von Heckmann auf *S. 37 f.*) von der ursprünglichen Gestalt des Sokratischen Gesprächs bei Platon unterscheidet. Für den *Vergleich* sollten in den Gruppen selbständig *systematische Unterscheidungskriterien entwickelt* werden, etwa:

- Konsens-/Dissenzorientierung des Gesprächs,
- ergebnisoffenes/problemlösendes Gespräch,
- Symmetrie/Asymmetrie der Gesprächspartner,
- fest zugewiesene/wechselnde Fragerolle im Gespräch.

Die *Ergebnisse* der Projektgruppenarbeit werden in der Gesamtgruppe vorgetragen und *verteidigt*.

Literaturauswahl

Kunzmann, Peter u.a.: dtv-Atlas zur Philosophie. Tafeln und Texte. dtv, München 1993

Pfeiffer, Volker: Das Gespräch als Leitmedium des Ethik-Unterrichts. In: Ders.: Didaktik des Ethik-Unterrichts. Bausteine einer integrativen Wertevermittlung. Kohlhammer, Stuttgart 2009, S. 113 ff.

Engels, Helmut: Überlegungen zum Gedankenexperiment im Unterricht. In: Ethik & Unterricht Heft 3/2001, S. 11–17.

2 Welt und Selbst entschlüsseln

2.1 Grundfragen der Erkenntnis

Ziele

Der Überschrift des Gesamtkapitels folgend, geht es in diesem zweiten Abschnitt darum, in prinzipieller Weise darüber nachzudenken, wie man die Welt und sich selbst „entschlüsseln“, was man von ihr wissen, inwieweit man sie erkennen kann. Diese Fragen nach dem Charakter, der Quelle und dem Wert unseres Wissens werden traditionell im Rahmen der philosophischen Erkenntnistheorie beantwortet. Das Anliegen des Abschnitts besteht darin, den Schülern die Relevanz solcher Fragen zu verdeutlichen und ihnen einen problemorientierten Zugang zu ausgewählten Antworten, die von Vertretern dieses philosophischen Wissensgebiets gegeben werden, zu eröffnen.

Inhaltliche Schwerpunkte

Die erkenntnistheoretische Hauptfrage „Was kann ich wissen?“ wird, aufgegliedert in folgende systematische Unterfragen, beantwortet:

- Welche Probleme tauchen im Zusammenhang mit dem menschlichen Erkennen auf, über die es sich lohnt, nachzudenken?
- Welche Arten der Erkenntnis gibt es, wie ist insbesondere das Verhältnis von sinnlicher Wahrnehmung und rationaler Erkenntnis genauer zu bestimmen?
- Wie gewinnen wir als endliche, fehlbare Subjekte objektiv gültiges Wissen?
- Woher kommt unser Wissen, inwieweit stammt es aus der Außenwelt und lässt sich die Realität der Außenwelt beweisen?
- Welche Grundpositionen lassen sich im Rahmen der philosophischen Erkenntnistheorie unterscheiden?

Einstiegsvorschläge

Die Schüler müssen ein Gespür dafür bekommen, dass es im Rahmen der Erkenntnistheorie um echte Fragen geht, auf die jeder Mensch stoßen kann und über die es sich folglich zu streiten lohnt. Diese Grundfragen der Erkenntnis sollten, soweit als möglich, von den Schülern selbst erschlossen werden. Dazu bietet sich, wie im Lehrbuch vorgeschlagen, eine *Bildinterpretation* bezogen auf die Abbildung (*S. 40*) an. Unter anderem die folgenden *Fragen* könnten *Anstöße zum Nachdenken* liefern:

Bildinterpretation
S. 40

- Was sehen wir auf diesem Bild, was denken wir uns dabei (Verhältnis Sinnliches-Rationales)?
- Welche Ursachen für die sichtbaren Bewegungen gibt es, wie kann man sie erfassen (Verhältnis von beobachtbaren Tatsachen und deren Erklärung, Deutung durch uns)?

- Woher wissen wir, dass wir mit unseren Vermutungen richtig liegen (Verhältnis subjektive Meinung – objektive Wahrheit)?

Methodische – und Arbeitshinweise

2.1.2 Sinnliche Wahrnehmung und Verstand

Diskussionsimpuls
S. 40

Als *Diskussionsimpuls* könnte ausgehend von unterschiedlichen Deutungsmöglichkeiten des Bildes auf *S. 40* die Frage dienen: Täuschen uns unsere Sinne oder liegen Grundlagen für Irrtümer nicht eher in einer fehlerhaften Deutung sinnlicher Eindrücke durch unseren Verstand? In diesem Zusammenhang werden die Schüler aufgefordert, *nach Beispielen* für beide mögliche Arten von Täuschung aus ihrem Alltag zu *suchen*.

Beispiele suchen

Für die nähere Klärung des Verhältnisses von sinnlicher Wahrnehmung und Vernunft werden dann die Quellentexte von Locke, Kant und Hume aus dem Lehrbuch, *S. 41 ff.* herangezogen.

S. 41 ff.

Die Schüler erhalten die Aufgabe, ausgehend von der Rekonstruktion der Hauptaussagen der Texte einen Vergleich der Ansätze vorzunehmen. Für den Vergleich sollte das *AB Positionen zum Verhältnis von sinnlicher und rationaler Erkenntnis* zugrunde gelegt werden. Als *Leitfragen des Vergleichs* werden vorgeschlagen:

AB Positionen zum Verhältnis von sinnlicher und rationaler Erkenntnis
Vergleich

- Worin bestehen Leistung/Grenzen der Sinne bzw. der Erfahrung?
- Wie lassen sich Leistung/Grenzen des Verstandes bestimmen?
- Welche Quellen gibt es für gültiges Wissen?

Die Schüler tragen die Ergebnisse ihrer Überlegungen in die Spalten des Arbeitsblattes ein und diskutieren diese dann in der Gruppe.

Subjektive Erfahrungsurteile und objektive Gültigkeit

Motivierung

Diesem Abschnitt sollte zur *Motivierung* der Schüler zunächst die *Problemfrage* vorangestellt werden, wozu wir überhaupt objektiv gültiges Wissen brauchen bzw. was es für Folgen hätte, wenn unser Wissen rein subjektiv wäre. Mögliche Antwortrichtungen sind: Menschen streben nach objektiv gültigem Wissen über die Welt, um sich in ihr zu orientieren und darin erfolgreich zu handeln; Menschen haben als soziale Wesen ein Bedürfnis nach Übereinstimmung mit ihren Mitmenschen und versuchen deshalb ihre Urteile mit anderen abzustimmen; Menschen handeln arbeitsteilig und brauchen für die Handlungskoordinierung gemeinsame Wissensbestände.

S. 44 f.

Dann sollten die beiden Quellentexte von Maturana und Kant (*S. 44 f.*) herangezogen werden. Sie liefern übrigens selbst ein gutes Anschauungsmaterial für die Subjektivität unserer Erkenntnisse und Begriffe! Die Schüler sollen beim Lesen der Texte zunächst erst einmal *herausfinden*, in Bezug auf welchen *zentralen Begriff* (den Begriff der Erfahrung/des Erfahrungsurteils) sich die Auffassungen beider Autoren diametral unterscheiden. Im zweiten Schritt sollten die jeweiligen semantischen Felder, in denen der Erfahrungsbegriff seinen Platz

zentrale Begriffe herausfinden

Begriffsnetz-Skizze

Argumente nachvollziehen

findet, rekonstruiert werden. Dazu fertigen die Schüler eine *Begriffsnetz-Skizze* an, die als Knoten die wichtigsten Begriffe der Texte und deren Verbindungslinien enthalten sollte. Daran anschließend sollen dann die *Argumente* für die Subjektivität der Erfahrung (bei Maturana) bzw. die Objektivität des Erfahrungsurteils (bei Kant) *nachvollzogen* werden.

Brainstorming

Im letzten Schritt sollten die Schüler dann – über die Texte hinausgehend – im Rahmen eines *Brainstormings* selbst Vorschläge unterbreiten, wie man die Objektivität und Allgemeingültigkeit unseres Wissens überprüfen könnte.

2.1.4 Kann wissenschaftliche Erkenntnis Wahrheit gewährleisten?

S. 46

Die Frage „Kann wissenschaftliche Erkenntnis Wahrheit gewährleisten?" kann von den Schülern mittels des – dem Unterabschnitt vorangestellten – Textes von Eberhard (*S. 46*) eigentlich nicht beantwortet werden. Es fehlen an dieser Stelle sowohl tiefer gehende Überlegungen zum Begriff der wissenschaftlichen Wahrheit als auch zu dem als scheinbare Alternative eingeführten Begriff der objektiven Kommunikation. Die durchaus wichtige erkenntnistheoretische Frage nach den Besonderheiten und der Gültigkeit wissenschaftlicher Erkenntnis sollte deshalb, so mein Vorschlag, besser im Abschnitt 2.2 „Wege in die Wissenschaft" in systematischer Weise angegangen werden.

Gütekriterien von Begriffen nachvollziehen und kritisch kommentieren

Aufgegriffen werden könnte an dieser Stelle aber die von Eberhard aufgeworfene Frage, wie Begriffe beschaffen sein sollten, damit sie als Instrumente der Weltentschlüsselung „brauchbar" sind. Die von Eberhard eingeführten *Gütekriterien von Begriffen* – ihre „Verständlichkeit" im Sinne von Präzision und Konsistenz – sollten durch die Schüler zunächst *nachvollzogen*, dann aber, soweit möglich, auch *kritisch kommentiert* werden.

exemplarische Analyse

Begriff nachschlagen

Es wird vorgeschlagen, die Frage nach der Brauchbarkeit von Begriffen für die Weltentschlüsselung nicht abstrakt zu diskutieren, sondern durch eine *exemplarische Analyse* eines Beispiels aus der Wissenschaftsgeschichte zu untersetzen. Herangezogen werden könnte dafür etwa der Begriff der (Unter-)Schicht. Dieser Begriff wird in der Umgangssprache wie in der Wissenschaftssprache recht unscharf verwandt. Die Schüler erhalten zunächst die Aufgabe, in Lexika sowie im Internet die *Bedeutung* dieses *Begriffs nachzuschlagen*. Im Ergebnis der Recherche dürften sich unterschiedliche Bedeutungen herauskristallisieren, etwa Bestimmungen von Unterschicht im Sinne von Besonderheiten der objektiven Lage (Einkommen), des kulturellen Kapitals (Bildung) oder des Status (negative Fremd- und Selbstzuschreibungen). Im Sinne der „Präzisionsforderung" von Eberhard könnten die Sachverhalte, die unter diesen Begriff fallen, nun eindeutiger bestimmt werden, z.B.: „zur Unterschicht gehören alle Angehörigen einer Gesellschaft, die über weniger als 60 % des durchschnittlichen Einkommens der Bevölkerung verfügen". Eberhards Konsistenzforderung könnte sogar dazu führen, dass der Begriff ganz aufgegeben wird, da er sehr unterschiedlich gebraucht wird. Beide Forderungen, absolut gesetzt, hätten jedoch fatale Folgen: Zum einen würden andere relevante Gründe für die Zurechnung zur Unterschicht neben dem Einkommen „rausdefiniert". Zum anderen würden bestimmte Sachverhalte, nämlich die Stabilisierung sozialer Unterschiede in unserer Gesellschaft, wegen begrifflicher Unschärfen vielleicht gar nicht mehr thematisiert werden. Das *Fazit* dieser exemplarischen Analyse könnte sein: Gebraucht werden für die Kommunikation zwar in gewissen Grenzen eindeutige, zugleich aber *„offene" Begriffe*.

„offene" Begriffe

Auch der zweite Quellentext von Nagel (*S. 47*) gibt eigentlich keine Antwort auf die als Überschrift des Abschnitts gewählte Frage (Kann wissenschaftliche Erkenntnis Wahrheit gewährleisten?), sondern diskutiert die Vorfrage „Woher wissen wir etwas?".

S. 47

Es sollte zunächst der *wesentliche Gehalt dieser Frage rekonstruiert* werden: Was meint, dass wir „etwas" wissen und was ist mit der Frage, „woher" wir etwas wissen, gemeint: Dahinter verbergen sich zentrale erkenntnistheoretische Grundfragen, nämlich a) ob wir etwas außer uns (in der „objektiven Welt", „Wirklichkeit") erkennen können, b) aus welcher Quelle unser Wissen überhaupt stammt und c) woher wir das denn wissen, wie wir das beweisen können.

wesentlichen Gehalt dieser Frage rekonstruieren

Diese Fragen könnten genutzt werden, um noch einmal *wiederholend* auf die im Lehrbuchabschnitt *1.1* angestellten Überlegungen zu den Besonderheiten philosophischer Reflexion zurückzukommen und diese zu vertiefen. Die Schüler äußern sich zu der Frage, was die „natürliche Einstellung" von der philosophischen Geisteshaltung unterscheidet. Während wir in der „natürlichen Einstellung" zur Welt, wie Nagel im Text (*S. 47*) darstellt, diese Außenwelt als selbstverständlich gegeben voraussetzen, wird dieser Glaube im Rahmen der philosophischen Reflexion mit Gründen in Frage gestellt.

wiederholen 1.1

S. 47

Durch die Schüler sollten die *Argumente* von Nagel dafür, dass man sich nicht sicher sein kann, dass es eine Außenwelt gibt, *rekonstruiert* werden. Im Anschluss daran werden sie aufgefordert, dazu eine *eigene Position* zu *beziehen* und diese zu begründen.

Argumente rekonstruieren

Position beziehen

Abschließend wird in einer *Gruppendiskussion* erarbeitet, worin sich die erkenntnistheoretischen Positionen des Solipsismus, Skeptizismus und Verifikationismus unterscheiden. Für die *Zusammenfassung* der Diskussion kann das *AB Erkenntnistheoretische Positionen zum Charakter des Wissens* genutzt werden.

Gruppendiskussion

AB Erkenntnistheoretische Positionen zum Charakter des Wissen

2.1.5 Zur Geschichte der Erkenntnistheorie

Über die in der Lehrbuch-Übersicht „Positionen aus der Geschichte der philosophischen Erkenntnistheorie" (*S. 49 f.*) dargestellten Positionen hinaus sollten auch neuere, nach Kant entwickelte Erkenntnistheorien, etwa die der Marxschen Praxisphilosophie oder der evolutionären Erkenntnistheorie, mit in die Diskussion einbezogen werden. Dazu kann das *AB Die Rolle der Praxis für das Erkennen*: Marx' Feuerbach-Thesen herangezogen werden.

S. 49 f.

AB Die Rolle der Praxis für das Erkennen

Literaturauswahl

Marx, Karl: Thesen über Feuerbach. In: Marx, Karl; Engels, Friedrich: Werke, Bd. 3, Dietz, Berlin 1973, S. 5 ff.
Nagel, Thomas: Was bedeutet das alles? Eine kurze Einführung in die Philosophie. Reclam, Stuttgart 1990
Vollmer, Gerhard: Evolutionäre Erkenntnistheorie. Wissenschaftliche Verlagsgesellschaft, Stuttgart 1994

2.2 Wege in die Wissenschaft

Ziele

Unsere Epoche, von Hans Jonas als „technologisches Zeitalter" bezeichnet, ist durch die explosionsartige Zunahme und die unmittelbare technische Nutzung wissenschaftlicher Erkenntnisse geprägt. Das Nachdenken darüber, was man unter Wissenschaft versteht und wie sie sich von anderen Wissensformen abhebt, bildet deshalb heute einen wesentlichen Gegenstand philosophischer Reflexion. Das Ziel dieses Abschnitts besteht aber nicht nur darin, eine Einführung in Fragestellungen der philosophischen Wissenschaftstheorie zu geben, sondern die Schüler selbst an Methoden wissenschaftlichen Erkennens heranzuführen, ihnen erste Wege in die Wissenschaft zu eröffnen.

Inhaltliche Schwerpunkte

Den Darstellungen im Lehrbuch liegt ein Verständnis von Wissenschaft im Sinne einer spezialisierten, durch spezifische Institutionen vermittelten Tätigkeit zur methodischen Gewinnung und systematischen Verbreitung gültigen neuen Wissens zugrunde.

Dieser Bestimmung folgend geht es im Abschnitt 2.2 um vier Hauptfragen:

- Was man Wissenschaft nennt, ist ein höchst komplexes Phänomen. Insofern lautet die erste Frage: Was versteht man unter einer wissenschaftlichen Tätigkeit, wie lässt sich das Feld der Wissenschaft von anderen menschlichen Tätigkeiten und sozialen Sphären abgrenzen?
- Weil Wissenschaft heute ins Stadium der Spezialisierung eingetreten, es eine Vielzahl wissenschaftlicher Disziplinen gibt, ist eine zweite Frage von Bedeutung: Wie kann man das Feld der verschiedenen Wissenschaften ordnen, welche Stellenwert hat die Philosophie im System der Wissenschaften?
- Um gültiges Wissen zu gewinnen, ist der Wissenschaftler angehalten, methodisch korrekt vorzugehen. Die dritte Frage lautet daher: Welche allgemeinen Methoden wissenschaftlichen Arbeitens sind von Bedeutung? Zugeordnet ist die Frage: Welche Besonderheiten weisen geisteswissenschaftliche Methoden auf?
- Wenn es das Ziel der Wissenschaft ist, neue Erkenntnisse zu produzieren, dann ergibt sich eine vierte Frage: Wie ist die Gültigkeit, der Wahrheitsgehalt dieser neuen wissenschaftlichen Erkenntnisse

zu überprüfen? Wann erweist sich eine neue wissenschaftliche Theorie einer alten als überlegen? Es geht, mit anderen Worten, um die Verifikation wissenschaftlicher Erkenntnisse.

Einstiegsvorschläge

Streitgespräch

Ausgangspunkt könnte ein *Streitgespräch* darüber sein, ob die Schüler ihre schulische Tätigkeit, die ja wesentlich im Erwerb von wissenschaftlichem Wissen besteht, selbst als wissenschaftliche Tätigkeit betrachten. In der Antwort könnte etwa auf den Unterschied von Produktion und Rezeption wissenschaftlicher Erkenntnisse aufmerksam gemacht werden.

Antonyme zu „Wissenschaft“

Ein anderer Einstieg wäre, den Schülern zu Beginn die Aufgabe zu stellen, *Antonyme zu „Wissenschaft“* zu finden: In Frage kämen als Gegenbegriffe etwa „Politik“, „Kunst“, „Praxis“, „Religion“, „alltägliches Wissen“ etc.

Methodische – und Arbeitshinweise

2.2.1 Was man unter Wissenschaft versteht

S. 51 f.

Exzerpt des Textes

drei Merkmale herausfiltern

Nach der Einführungsphase sollte der Text von Weber „Wissenschaft als Beruf“ auf *S. 51 f.* zur weiteren Klärung der Frage nach der Spezifik wissenschaftlicher Tätigkeit herangezogen werden. Die Schüler erhalten die Aufgabe, ein *Exzerpt des Textes* zu erstellen, um seine Hauptaussagen zu rekonstruieren. Es sollten mit Weber die folgenden *drei Merkmale des wissenschaftlichen Berufes* herausgestellt werden:

- es wird spezialisiertes Wissen gewonnen – im Unterschied zum Alltagswissen von Jedermann,
- das wissenschaftliche Tun zielt auf das beständige Überschreiten alten Wissens, also auf Erkenntnisfortschritt – im Unterschied zu künstlerischen Werken, die, sofern sie gut sind, nie veralten,
- Ziel ist die Gewinnung objektiv gültigen Wissens – im Unterschied zu den wertenden Stellungnahmen, wie sie in der Politik üblich sind, die je nach Interessenlagen und weltanschaulicher Position ganz unterschiedlich ausfallen können.

Streitgespräch

Ausgehend von Weber könnte ein *Streitgespräch* darüber geführt werden, ob Webers drittes Merkmal, bekannt geworden als Forderung nach Werturteilsfreiheit der Wissenschaft, heute noch aktuell ist. Dabei sollte der rationale Kern der Weberschen Forderung – auf die vorurteilsfreie Aufdeckung von Tatsachen (zum Beispiel die Untersuchung der Ursachen der Arbeitslosigkeit) darf die weltanschaulich-politische Position keinen Einfluss haben – nicht verloren gehen.

TE Was heißt „Wissenschaft treiben“

Ergänzend zur dargestellten Position von Weber könnte zur Klärung der Spezifik wissenschaftlicher Erkenntnis die Auffassung des Philosophen Günter Abel herangezogen werden (siehe den *TE Was heißt „Wissenschaft treiben“?*).

2.2.2 Einteilung der Wissenschaften

Um die Vielzahl wissenschaftlicher Disziplinen in den Blick zu bekommen, sollte die Aufmerksamkeit der Schüler zunächst auf den Fächerkanon gelenkt werden, der an der Schule unterrichtet wird. Den jeweiligen *Unterrichtsfächern* sollten die Schüler eine oder mehrere *Referenzwissenschaften zuordnen*. Darüber hinaus könnte die Frage aufgeworfen werden, welche Wissenschaften im Bildungs- und Erziehungsprozess noch von Bedeutung sind, ohne dass sie direkt an der Schule unterrichtet werden (zum Beispiel Psychologie, Pädagogik, Soziologie, Medienwissenschaften etc.).

Unterrichtsfächern Referenzwissenschaften zuordnen

Als Resümee dieser einführenden Diskussion erhalten die Schüler die Aufgabe, eine *Liste der Wissenschaften*, die an der Schule vertreten sind, *anzufertigen*. In zweiten Schritt könnten sie aufgefordert werden, die auf der Liste enthaltenen *Wissenschaften* nach bestimmten Kriterien zu *gruppieren*. Die Resultate sollten in der Klasse vorgestellt und miteinander verglichen werden.

Liste der Wissenschaften anfertigen
Wissenschaften gruppieren

Es ist zu erwarten, dass die Schüler unterschiedliche Klassifikationen der Wissenschaft verwenden. Das könnte zum Anlass für den *orientierenden Hinweis* genommen werden, dass die Ordnung der Wissenschaften nach unterschiedlichen Kriterien erfolgen kann, sie deshalb auch nie völlig unabhängig vom Betrachter ist.

Diese Leitidee der *Beobachterabhängigkeit der Klassifikation* soll nun beim Studium der beiden Texte von Kant und Windelband *(S. 52 ff.)*, die unterschiedliche Vorschläge zur Ordnung des Feldes der Wissenschaften unterbreiten, umgesetzt werden. Der Kurs könnte in *zwei Gruppen eingeteilt* werden, die sich je einem Text zuwenden: Beide Gruppen erhalten die Aufgabe, zu untersuchen, nach welchen Kriterien im Text die Wissenschaften wie untergliedert werden und welcher Platz der Philosophie im jeweiligen System der Wissenschaften zugesprochen wird.

Beobachterabhängigkeit der Klassifikation, S. 52 ff.

Gruppenarbeit

Diese Aufgabe kann mit einer *Wiederholung* der Ergebnisse des Abschnittes *1.1*, in dem es um die Besonderheiten philosophischer Reflexion im Verhältnis zu den sogenannten exakten Wissenschaften ging, verknüpft werden. Anregungen und Hilfestellungen für die Bewältigung der Aufgabe gibt die *ÜB Die Ordnung der Wissenschaften nach Kant und Windelband.*

Wiederholung 1.1

ÜB Die Ordnung der Wissenschaften nach Kant und Windelband

Anschließend sollten die Schüler einen *Vergleich* zwischen beiden, von Kant und Windelband vorgeschlagenen Klassifikationen *anstellen*, um Übereinstimmungen und Unterschiede herausarbeiten. Beim Herausarbeiten der Gemeinsamkeiten beider Ansätze kann das Kreisschema auf *S. 55* „Ordnung der Wissenschaften" als *Zusammenfassung* genutzt werden.

Vergleich

S. 55, Zusammenfassung

In einem weiteren Schritt wäre es möglich, auch dieses *Ergebnis* zu *problematisieren*, indem die Schüler aufgefordert werden, Wissenschaften zu nennen, die in diesem Kreisschema nicht erfasst werden. Der Lehrer könnte die Diskussion zum Beispiel durch die Frage anregen, wo Medizin, Ingenieurwissenschaften oder Psychologie in diesem Schema ihren Platz finden.

Ergebnis problematisieren

2.2.3 Wissenschaft: Methodische Gewinnung gültigen Wissens

Es ist nicht unbedingt zu erwarten, dass den Schülern die grundlegenden Methoden wissenschaftlichen Arbeitens geläufig sind.

Fallbeispiel

S. 55 f.

Text untergliedern

Methoden zuordnen

Es sollte deshalb dem Vorschlag des Lehrbuches gefolgt und mit einem *Fallbeispiel* aus der Wissenschaftsgeschichte, der Entdeckung des Kindbettfiebers durch den Mediziner Semmelweis, begonnen werden. Dieses Fallbeispiel gibt gute Einblicke in die Praxis wissenschaftlichen Forschens. Es soll die These verdeutlicht werden, dass für die Gewinnung gültigen Wissens im Rahmen der Wissenschaft die Beherrschung elementarer Methoden des Erkennens unerlässlich ist. Um diese Methoden zu erschließen, sollte der *Text* zu Semmelweis (*S. 55f.*) zunächst *untergliedert* und mit *Unterüberschriften* versehen werden. Den jeweiligen Abschnitten lassen sich dann wissenschaftliche Arbeitsschritte und *Methoden zuordnen*.

Arbeitsschritte zur Lösung des Forschungsproblems

S. 58

Ausgehend vom Fallbeispiel ist zu zeigen, dass durch den Wissenschaftler zunächst das Problem, die offene Frage, um das es geht, genauer zu bestimmen ist. Bei der *Lösung des Forschungsproblems* lassen sich dann im Wesentlichen *vier Arbeitsschritte*, vier Methoden wissenschaftlichen Erkennens unterscheiden (siehe das zusammenfassende Schema im Lehrbuch auf *S. 58* „Methodische Stufen der Erkenntnisgewinnung“):

- Beobachtung, Gewinnung von Tatsachenwissen
- Analyse und Klassifikation der Tatsachen
- Hypothesenbildung zur Erklärung der Tatsachen
- Überprüfung der Hypothesen durch Experimente, Tests und ähnliches

Projektarbeit

S. 58

Ergebnisse verteidigen

Um die Schüler selbst an bestimmte Methoden wissenschaftlichen Arbeitens heranzuführen, wird, wie im Lehrbuch vorgeschlagen, eine *Projektarbeit* in Angriff genommen. Dafür sind zunächst Projektgruppen von 3–5 Personen zu bilden. Der Projektauftrag besteht in der Untersuchung des Mediennutzungsverhaltens von jungen Erwachsenen (siehe *S. 58*). Insbesondere die wissenschaftlichen *Verfahren der Klassifikation und der Hypothesenbildung* sollen hier *geübt* werden. Als *Hilfestellung* und Anregung könnte *durch den Lehrer* selbst eine erste Klassifikation vorgegeben und dazu eine Hypothese formuliert werden (z.B.: im Rahmen der Untersuchungsgruppe der 19–23-Jährigen lassen sich männliche und weibliche Probanden unterscheiden; die Hypothese lautet: männliche Jugendliche unterscheiden sich von weiblichen Jugendlichen insofern im Mediennutzungsverhalten, als sie weniger als diese lesen, dafür aber mehr das Internet nutzen). Die Schüler sollen nun selbst relevante Gruppenbildungen vornehmen, auf dieser Grundlage Hypothesen formulieren und versuchen, Belege für die Hypothese zu finden. Jede der Projektgruppen bekommt dann Gelegenheit, die *Ergebnisse* in einer *fünfminütigen Präsentation* zu *verteidigen*.

S. 59

TE Hermeneutik

Einen zweiten Arbeitsschwerpunkt stellt in diesem Abschnitt die Einführung in geisteswissenschaftliche Methoden dar. Über den im Lehrbuch enthaltenen Quellentext (*S. 59*) hinaus kann zur Heranführung an die Besonderheiten hermeneutischer Verfahren der Textdeutung der von Richard Breun erarbeitete zusätzliche *TE Hermeneutik* genutzt werden.

2.2.4 Wissenschaftlicher Fortschritt und Wahrheit

Exkurs
Lehrervortrag

Hier könnte ein *Exkurs* in die Wissenschaftsgeschichte, am besten vielleicht in Form eines kurzen *Lehrervortrags*, den Einstieg bilden. Es geht um einen Streit in der Physik, genauer um das Verhältnis der Einsteinschen Relativitätstheorie, die Einstein in den 20er Jahren des vorigen Jahrhunderts entwickelt hat, zur klassischen Physik, deren Grundlagen von Newton bereits im ausgehenden 17. Jahrhundert gelegt wurden. Die neue, von Einstein vertretene Theorie fand nicht bei allen Physikern sofort Anerkennung. Die Frage, die sich daraus ableiten lässt, lautet: Wann besitzt eine neue Theorie tatsächlich einen höheren Wahrheitswert als die alte Theorie, wie ist der Wahrheitswert einer wissenschaftlichen Theorie überhaupt zu überprüfen.

S. 61

Beispiele finden

Dann sollte der Text von Popper aus dem Lehrbuch (*S. 61*) herangezogen werden, um das Falsifikationsprinzip als eine mögliche Lösung des Problems darzustellen. Die Schüler werden aufgefordert, selbst *Beispiele* dafür zu *finden*, wie eine allgemeine These durch eine gegenteilige Erfahrung, die sich auf einen einzelnen Fall bezieht, widerlegt werden kann.

Literaturauswahl

Kolossa, Bernd: Methodentrainer. Arbeitsbuch für die Sekundarstufe II. Cornelsen, Berlin 2000
Kuhn, Thomas S: Die Struktur wissenschaftlicher Revolutionen. Suhrkamp, Frankfurt/M. 1976
Popper, Karl: Logik der Forschung. Hg. v. Herbert Keuth. Mohr Siebeck, Tübingen 2005
Poser, Hans: Wissenschaftstheorie. Eine philosophische Einführung. Reclam, Stuttgart 2001

2.3 Sprache und Denken

Ziele

Durch philosophische Reflexion soll die menschliche Sprache, etwas, mit dem Jeder von uns täglich umgeht, ihrer Selbstverständlichkeit entkleidet und zum Gegenstand eines vertieften Nachdenkens gemacht werden werden. Die Philosophie hat sich seit ihren Anfängen in der Antike immer wieder dem Phänomen der Sprache zugewandt.

Ein übergreifendes Ziel des Kapitels besteht darin, ein gemeinsames Nachdenken darüber anzuregen, was man unter Sprache versteht und worin ihre Bedeutung für den menschlichen Lebensvollzug besteht.

Eingeführt wird in zentrale Fragen der sprachphilosophischen Reflexion – das Verhältnis von Sprache und Erkennen, Sprache und Wirklichkeit, die Ursachen der Entstehung der Sprache etc. Dabei geht es auch darum, der Komplexität des Phänomens Sprache gerecht zu werden, ein zu enges Verständnis von Sprache – etwa im Sinne eines bloß passiven Instruments zur Übertragung von Informationen – zurückzudrängen. Vielmehr soll die Funktion von Sprache für die Selbsterkenntnis, die Erschließung von Wirklichkeit und das soziale Zusammenleben herausgearbeitet werden.

Inhaltliche Schwerpunkte

In diesem Abschnitt werden folgende Fragen angesprochen:

- Welche Erscheinungsformen von Sprache lassen sich unterscheiden, was sind die Besonderheiten von Alltagssprache (Muttersprache), Wissenschaftssprache, poetischer Sprache (Kunst), mythischer Sprache etc.?
- Welche Möglichkeiten hat die Sprache in Bezug auf die Verständigung und Wahrheitsfindung, worin besteht ihre Relevanz für die Weltentschlüsselung?
- Kann man mit Sprache hinreichend die Welt beschreiben und erkennen?
- Wie lässt sich die Sprachentstehung beim Menschen erklären, welche Faktoren haben zur Entwicklung und zur Vielfalt gesprochener Sprachen auf der Welt beigetragen?
- Wie ist der Zusammenhang von Sprache und Denken, Sprache und Wirklichkeit angemessen zu beschreiben? Ist die Sprache lediglich ein Mittel der Erfassung der Wirklichkeit, oder dient sie auch der Weltbilderzeugung, der Wirklichkeitskonstruktion?
- Kann man ohne Sprache denken, ist Sprache der einzig mögliche Weltzugang?
- Lassen sich Sprache und Denken durch Rückführung auf biochemische Prozesse im Gehirn hinreichend erklären?

Einstiegsvorschläge

Erscheinungsformen von Sprache zusammenstellen, Komplementärbegriffe finden

Ausgegangen werden sollte von der Darstellung der Komplexität des Phänomens Sprache. Die Schüler sollen zunächst wenigstens fünf ihnen bekannte *Erscheinungsformen von Sprache in* einer *Liste zusammenstellen*. Wenn möglich, sollten zu den jeweiligen Existenzformen der Sprache immer zugleich die *Komplementärbegriffe gefunden* werden (z.B. Muttersprache – Fremdsprache; gesprochene Sprache – geschriebene Sprache etc.). Diese Ergebnisse werden dann in der Gruppe vorgestellt und diskutiert. Anschließend erhalten die Schüler die Aufgabe, die verschiedenen Existenzformen von Sprache in einer *Mindmap* provisorisch zueinander in Beziehung zu setzten. Für eine erste Zusammenfassung der Diskussionsergebnisse könnte dann die *ÜB Formen von Sprache* herangezogen werden.

Mindmap

ÜB Formen von Sprache

Problemfrage

Dem könnte sich die *Problemfrage* anschließen: Hat nicht alles, was in der Welt geschieht und was der Mensch tut, eine Bedeutung und ist daher als Sprache zu verstehen? Wovon kann Sprache abgegrenzt, wozu ins Verhältnis gesetzt werden? Bezug genommen werden könnte beim Finden der Antwort auf die *Definition von Sprache* im Lehrbuch (*S. 62*). Die Schüler *deuten* die beiden zentralen *Bestimmungsmerkmale* dieser Definition, nämlich: Sprache ist ein **geordnetes System** von **Zeichen**.

S. 62
Bestimmungsmerkmale deuten

Weiterhin sollte im Eingangsteil deutlich gemacht werden, welch große Spannweite unterschiedlicher Auffassungen zu Wesen und Bedeutung der Sprache in den Wissenschaften existiert. Dazu sollten die verschiedenen als Kasten gesetzten Äußerungen zur Sprache im

S. 63

mit Beispielen unterlegen

Lehrbuch (*S. 63*) herangezogen werden. Die Schüler sollen diese *Auffassungen* zunächst mit *eigenen Worten wiedergeben* und dann *mit Beispielen* aus ihrem Erfahrungsbereich *bestätigen* oder widerlegen.

Methodische – und Arbeitshinweise

2.3 Sprache und Denken

TE Die Natur des sprachlichen Zeichen

Der Zeichenbegriff, der für die Definition der Sprache zentral ist, bleibt im Lehrbuch selbst unerklärt. Deshalb wird vorgeschlagen, ergänzend einen Textauszug des Begründers der modernen Sprachwissenschaften Ferdinand de Saussure einzubeziehen, um das Wesen des sprachlichen Zeichens zu ergründen (siehe den *TE Die Natur des sprachlichen Zeichens*).

2.3.1 Sprache verbindet und trennt

Bildinterpretation
S. 64

Die Schüler erhalten zunächst die Aufgabe, eine Nacherzählung der Geschichte vom Turmbau zu Babel aus dem Alten Testament vorzunehmen. Sie sollen sich dabei von der *Bildinterpretation* des Gemäldes von Peter Brueghel (*S. 64*) anregen lassen.

recherchieren im Internet
Leitfragen der Diskussion

Anschließend könnte über das Für und Wider des Vorhabens, eine künstliche Weltsprache einzuführen, diskutiert werden. Dazu *recherchieren* die Schüler zunächst *im Internet* über Hintergründe des Projekts Esperanto. Als *Leitfragen der Diskussion* könnten dienen:

- Ist es überhaupt erstrebenswert, eine einheitliche künstliche Weltsprache einzuführen? Welche Erwartungen verbinden die Befürworter des Projekts damit?
- Warum hat sich dieses Projekt bisher nicht umfassend realisieren lassen? Welche negativen Effekte sind unter Umständen zu erwarten, wenn dieses Projekt forciert in die Tat umgesetzt wird?

Soll-Ist-Analyse

Dann erhalten die Schüler die Aufgabe, die *Ergebnisse der Diskussion* in Form einer *Soll-Ist-Analyse* tabellarisch festzuhalten.

2.3.1.1 Grundlagen der Verständigung

Funktionen von Sprache
S. 65

Einführend sollte die Frage gestellt werden, wozu die menschliche *Sprache* dient, welche *Funktionen* sie im menschlichen Leben besitzt. Zur Systematisierung der Antworten kann der Text von Bühler (*S. 65*) herangezogen werden. Bühler arbeitet hier ein *dreidimensionales Sprachmodell* (Sprache als Einheit von Darstellung, Ausdruck und Appell) heraus.

Modell anwenden

Dieses *Modell* ließe sich dann *anwenden*, um die Frage zu klären, was zum Verstehen einer sprachlichen Äußerung gehört. Dabei sollte von einem Beispiel ausgegangen werden. Etwa: Eine Schülerin äußert zum am offenen Fenster sitzenden Nachbarn „Hier ist es aber kalt“. Die Schüler werden aufgefordert darüber nachzudenken, was mit dieser Äußerung eigentlich gemeint, wie sie richtig zu verstehen ist. Das Ergebnis könnte sein:

- Die Äußerung sagt etwas über mich aus (Ausdrucksfunktion): „ich friere“.
- Sie enthält eine Behauptung über die Welt (Darstellungsfunktion): „im Klassenzimmer ist es kalt“.
- Sie beinhaltet eine indirekte Handlungsaufforderung (Appellfunktion): „bitte schließe das Fenster“.

S. 65. ff.

Die sich im Unterabschnitt anschließenden Ausführungen zur Frage, warum Sprache als Handlung aufgefasst werden kann (*S. 65. ff.*), bleiben leider recht stichwortartig. Sie sollten daher durch das Lesen eines Textauszugs des Sprechakttheoretikers Wunderlich ergänzt werden (siehe den *TE Sprachhandlungen*). Für die Textinterpretation könnten die dort formulierten Fragen genutzt werden.

TE Sprachhandlungen

S. 66 f.

multiple-choice-Test

AB Grundlagen der Verständigung nach Habermas

Anschließend wird die Auffassung von Jürgen Habermas zu Grundlagen der argumentativen Verständigung diskutiert. Der Text von Helferich (*S. 66 f.*), der dessen Grundgedanken zusammenfasst, sollte zunächst gründlich gelesen werden. Das Textverständnis der Schüler könnte dann in Form eines *multiple-choice-Tests* überprüft werden. Dazu kann das *AB Grundlagen der Verständigung nach Habermas* genutzt werden. Anschließend wird über die richtigen/falschen Antworten in der Klasse diskutiert.

S. 68 f.

Gedankenexperiment

Funktionen des Schweigens

Im Lehrbuch schließt sich ein Abschnitt zum Schweigen (*S. 68 f.*) an. Um die Notwendigkeit des Schweigens im menschlichen Verkehr zu belegen, wird ein *Gedankenexperiment* vorgeschlagen: Was wäre, wenn es in der menschlichen Kommunikation kein Schweigen gäbe? Welche Folgen hätte dies für die Verständigung zwischen Menschen und die menschliche Psyche. Herausgearbeitet werden könnten u. a. die folgenden *Funktionen des Schweigens*:

- das abwechselnde Schweigen beim Zuhören im Rahmen eines Dialogs, ohne dass das Sich-Miteinander-Verständigen unmöglich wäre,
- das lästige, peinliche Schweigen zwischen Fremden, das den Anstoß zum Reden geben kann,
- das beredte Schweigen als Form der Kommunikation, mit dem ich dem Anderen etwas zu verstehen gebe,
- das nachdenkliche Schweigen, Voraussetzung für das Infragestellen von Positionen und die Gewinnung neuer Erkenntnisse,
- das meditative Schweigen als Technik innerer Einkehr, um zu sich selbst (zurück) zu finden,
- das einmütige Schweigen, in dem sich ein gemeinschaftliches Einverständnis ausdrückt, über das nicht mehr geredet werden muss.

2.3.1.2 Sprache und Manipulation

S. 69 f.

Sehr berechtigt rückt in diesem Unterabschnitt (*S. 69 f.*) die andere, „dunkle“ Seite der Sprache in den Mittelpunkt, nämlich, dass sie nicht nur zur Aufklärung, sondern auch zur Verführung von Menschen dienen kann.

Mindmap

S. 69

Die Aufgabe aus dem Lehrbuch, eine *Mindmap* zum Thema „Sprache und Manipulation“ zu erstellen, stellt einen möglichen Einstieg in das Thema dar. Allerdings wird durch den Autorentext auf *S. 69* aus meiner Sicht eine zu frühe und zu starke Fokussierung der Debatte auf die manipulative Verwendung von Sprache in Diktaturen nahe gelegt. In der Sprache kann sich jedoch, dies sollte in der Diskussion deutlich gemacht werden, gerade im Zusammenhang mit Machtinteressen immer wieder eine starke Tendenz zur Verhüllung und Fehlleitung des Denkens geltend machen. Es wird daher vorgeschlagen, bei der Erstellung der Mindmap Hobbes Ausspruch aus dem „Leviathan“ (vgl. Reclam, Stuttgart 1996, S. 96) als *Diskussionsanreiz* zu setzen: „Wäre der Lehrsatz des Euklides: ‚Die drei Winkel eines Dreieckes sind gleich zwei rechten Winkeln‘, dem Vorteile derer, die am Ruder sitzen, zuwider, so würde er schon längst entweder bestritten oder unterdrückt worden sein“.

Diskussionsanreiz

Ergänzend zu den Texten des Lehrbuches wäre es auch möglich, auf Bacons Lehre von den Trugbildern (Idolen) einzugehen, insbesondere auf seine Auffassung von den Idolen des Marktes (idola fori). Dazu kann der *TE Bacons Idolenlehre* herangezogen werden. Herauszuarbeiten ist, dass solche Trugbilder aus der Sicht von Bacon ihre Wurzeln in der menschlichen Kommunikation selbst, insbesondere in der falschen Zuordnung der Wörter zu den Dingen und in der Möglichkeit der Bildung von Bezeichnungen für nicht existierende Gegenstände, haben.

TE Bacons Idolenlehre

S. 70 f.

Der Text von Orwell aus dem Lehrbuch (*S. 70 f.*) sollte genutzt werden, um ausgehend von *Beispielen aus der heutigen Zeit* bestimmte Praktiken sprachlicher Manipulation zu identifizieren. Vier Gruppen von *Techniken der Manipulation* könnten *herausgearbeitet* werden:

Techniken der Manipulation herausarbeiten

- die emotionale Aufladung von Begriffen (pejorative Ausdrücke): z. B. Sozialschmarotzer für Hartz-IV-Empfänger,
- die beschönigenden Darstellung negativer Sachverhalte (Euphemismen): z. B. Konjunkturdelle für Krise,
- der Ausschluss bestimmter Worte und Bezeichnungen aus der Sprache (Verbote, Tabus): – z. B. wenn der Ausdruck Krieg als Bezeichnung für eine bewaffnete Intervention unerwünscht ist,
- die Okkupation und Umdeutung positiv besetzter Begriffe (Besetzung von Begriffen): z. B. wenn der Begriff Freiheit gleichgesetzt wird mit grenzenloser Marktfreiheit.

Begriff „Neusprech“

Beispiele suchen

Internetrecherche

„Unwort des Jahres“

Ins Zentrum der Diskussion könnte der Orwellsche *Begriff „Neusprech“* gestellt werden. Die Schüler erhalten die Arbeitsaufgabe, selbst nach *Beispielen* für Neusprech in unserer Alltagssprache zu suchen. Um dafür Anregungen zu sammeln, könnten die jährlich stattfindenden Wahlen der Gesellschaft für Deutsche Sprache zum „Unwort des Jahres“ herangezogen werden. Die Schüler *recherchieren* zu den Ergebnisse dieser Wahlen aus den letzten Jahren *im Internet*. Anschließend führen sie in der Lerngruppe selbst eine *Wahl zum „Unwort des Jahres“* durch.

2.3.2 Über den Ursprung der Sprache

S. 71 ff.

Hauptthese herausfinden

tragende Begriffe markieren
Begriffsnetz an der Tafel entwickeln

Der Text von Herder (*S. 71 ff.*) wird für die Schüler wahrscheinlich nicht leicht zu verstehen sein. Daher sollten für die Textinterpretation Hilfestellungen gegeben werden: Zunächst erhalten die Schüler die Aufgabe, *herauszufinden*, welche *Hauptthese* Herder im Zusammenhang mit der Sprachentstehung vertritt (die Sprache entsteht notwendigerweise im Zusammenhang mit der menschlichen Fähigkeit zur Abstraktion/Reflexion). Um Herders Argumentation zu entschlüsseln, ist es hilfreich, das semantische Netz, das das Textgerüst bildet, herauszuarbeiten. Die Schüler *markieren* zunächst die *tragenden Begriffe* im Text. Dann wird das *Begriffsnetz*, das Herder zur Charakterisierung des Zusammenhangs von Reflexion und Sprache verwendet, schrittweise *an der Tafel entwickelt* (etwa: Besonnenheit/Besinnung – Absonderung von Merkmalen/Abstraktion – Merkwort/Namen – Sprache als Sammlung von Namen).

S. 73
Typenbildung

Die Arbeitshinweise des Lehrbuches, die unterschiedlichen Auffassungen zur Entstehung der Sprache zu ergründen und mit eigenen Worten zusammenzufassen (*S. 73*), sollten durch die Aufgabe, eine *Typenbildung* vorzunehmen, ergänzt werden. Im Wesentlichen *vier Erklärungstypen zur Entstehung der Sprache* lassen sich in den aufgenommenen Texten finden:

- Sprache ist göttlichen Ursprungs (Bibel).
- Sprache ist an menschliche Reflexion/Vernunft gebunden (Herder, Humboldt).
- Sprache entwickelt sich mit der Arbeit, dem gesellschaftlichen Verkehr der Menschen (Engels).
- Es gibt beim Menschen einen angeborenen Sinn für Sprache (Chomsky, Precht).

2.3.3.1 Menschensprache, Tiersprache

Pro-Contra-Debatte

S. 74 f.

Im Lehrbuch wird eine *Pro-Contra-Debatte* zur Frage, ob eine Gleichsetzung von „Tiersprache“ und menschlicher Sprache gerechtfertigt ist, empfohlen. Nimmt man nur den einleitenden Text von Virginia Morell (S. 74) als Grundlage, in dem – gestützt auf Ergebnisse der biologischen Verhaltensforschung – über erstaunliche kognitive Leistungen einzelner Tierarten berichtet wird, entsteht eine argumentative Schieflage. Damit diese Debatte sachkundig geführt werden kann, sollten deshalb die Überlegungen von Precht und Lenk auf *S. 74 f.*, die auf qualitative Besonderheiten der menschlichen Sprache verweisen, von vornherein mit in die Debatte einbezogen werden.

2.3.3.2 Zum Verhältnis von Sprache und Bewusstsein

S. 75 f.

Im ersten Teil des Abschnitts (*S. 75 f.*) wird Wittgensteins Verständnis der Philosophie als Sprachkritik abgehoben von Kants philosophischem Kritikansatz, dem es vor allem um die Bedingungen und Grenzen menschlicher Erkenntnis geht.

über biografische Eckdaten informieren
den Begriff „linguistic turn" recherchieren

Als Einstieg erhalten die Schüler laut Lehrbuch die Aufgabe, sich *über biografische Eckdaten* des Lebens von Ludwig Wittgenstein zu *informieren*. Hier wäre eine Ergänzungsaufgabe angebracht. Zugleich sollte *recherchiert werden, was sich hinter dem Begriff „linguistic turn"* in der Philosophie, der von Wittgenstein wesentlich mit eingeleitet wurde, verbirgt.

Im Mittelpunkt der Gruppendiskussion sollte dann die Frage stehen, was die Philosophie leistet, wenn sie im Sinne von Wittgenstein als Sprachkritik verstanden wird. Die Anregungen aus dieser Diskussion sollten genutzt werden, um einen *Essay* zu diesem Problem zu verfassen.

Essay
S. 76 f.

Im zweiten Teil (*S. 76f.*) geht es um die Frage, inwieweit die Sprache unser Denken, unsere Auffassung von Wirklichkeit prägt. Um *Kernaussagen* zu rekonstruieren, werden die Texte von Whorf, Kutschera und Nietzsche durch die Schüler zunächst *exzerptiert*. Im zweiten Schritt erfolgt dann im Rahmen einer Gruppendiskussion ein *Vergleich* dieser drei Positionen. Abschließend erhalten die Schüler die Aufgabe, sich eine eigene Position zum Verhältnis von Sprache und Denken zu erarbeiten und diese in einem *Thesenpapier* darzulegen.

Exzerpte
Vergleich
Thesenpapier

2.3.3.3 Denken und Sprechen durch neurophysiologische Grundlagen erklären?

Internet-Recherchen

Zunächst sollten sich die Schüler durch *Internet-Recherchen* und, soweit vorhanden, auch durch Rückgriff auf Sachwissen aus dem Fach Biologie, über den aktuellen Stand der Forschungen zu biotischen Grundlagen des menschlichen Bewusstseins informieren. Danach erst sollten die Texte von Roth/Precht und Holsboer (*S. 80f.*) gründlich im Hinblick auf die *Leitfrage* gelesen werden, worin Möglichkeiten und Grenzen einer neurophysiologischen, auf die Erforschung von Gehirnzellen, molekularbiologischen und genetischen Prozessen beschränkten Erklärung der menschlichen Psyche bestehen.

S. 80 f.
Leitfrage

Anschließend erhalten die Schüler die Aufgabe, einen *Kommentar* zu der Auffassung von Roth (*S. 81*), dass das Ich zwar in Milliarden Schaltkreisen steckt, sich aber niemals biochemisch beschreiben lässt, zu *verfassen*.

Kommentar verfassen
S. 81

2.3.3.4 Abbildung der Wirklichkeit durch Sprache?

In diesem Abschnitt geht es resümierend noch einmal um das Verhältnis von Sprache und Wirklichkeit. Zugespitzt lautet die *Streitfrage*, ob Sprache lediglich irgendwie auf Wirklichkeit rekurriert (sie benennt, beschreibt bzw. abbildet) oder ob durch sprachliche Benennungen die Wirklichkeit zugleich geschaffen (gestaltet, konstruiert) wird. Für diese Frage liefern die beiden Texte von Schlick und Nietzsche (*S. 82*) Anregungen, die in einer *Gruppendiskussion* aufgegriffen werden sollten.

Streitfrage
S. 82
Gruppendiskussion

Dem Vorschlag des Lehrbuches folgend, erhalten die Schüler die Aufgabe, schriftlich zu der Frage *Stellung zu nehmen*, was ihrer Meinung nach der *Hauptzweck der menschlichen Sprache* ist, was sie hinsichtlich der Weltentschlüsselung leisten kann bzw. nicht leisten kann.

Stellung nehmen zum Hauptzweck der menschlichen Sprache

Abschließend wäre es möglich, das in diesem Abschnitt zu Sprache und Denken erarbeitete Wissen in Form eines *Tests* abzufragen. Im Test

Test

AB Verengungen im Sprachverständnis

geht es darum, dass die Schüler unzulässige Verengungen bestimmter Sprachverständnisse herausfinden. Dazu kann das *AB Verengungen im Sprachverständnis (Test)* als Grundlage genutzt werden.

Literaturauswahl

Austin, John L.: Zur Theorie der Sprechakte (How to do things with Words). Reclam, Stuttgart 1979
Bacon, Francis: Neues Organon. Teilband I. Meiner, Hamburg 1990
Bourdieu, Pierre: Sozialer Raum und „Klassen". Suhrkamp, Frankfurt/ M. 1985
De Saussure, Ferdinand: Grundfragen der allgemeinen Sprachwissenschaft. De Gruyter, Berlin 1967
Eco, Umberto: Einführung in die Semiotik. W. Fink, München 1991
Frotscher, Sven: 5000 Zeichen und Symbole der Welt umfassend erklärt und farbig illustriert. Haupt, Bern/Stuttgart/Wien 2006
Habermas, Jürgen: Theorie kommunikativen Handelns. Bd. 1, Frankfurt/M. 1988
Klemperer, Victor: LTI. Die Sprache des Dritten Reiches. Reclam, Leipzig 1991

2.4 Ästhetik und Kunst

Ziele

Der Abschnitt soll dazu dienen, die Möglichkeiten und Grenzen der ästhetischen Wahrnehmung und künstlerischen Gestaltung der Welt im Verhältnis zu anderen Formen der Weltaneignung wie wissenschaftlicher Erkenntnis oder moralischer Orientierung auszuloten.

Eingeführt wird in Fragestellungen der philosophischen Ästhetik und der damit verknüpften Theorien der Kunst und des Schönen. Die Schüler sollen ihre impliziten Maßstäbe für die eigenen ästhetischen Urteile reflexiv in den Blick nehmen und im Lichte dieser neu gewonnenen Erkenntnisse prüfen.

Inhaltliche Schwerpunkte

Begonnen wird mit einer exemplarischen Analyse. Der Umgang mit der zeitgenössischen Malerei wird genutzt, um die Schüler in die Besonderheiten der ästhetischen Erfahrung einzuführen. Ausgehend davon werden folgende Fragen behandelt:

- Welche Aufgaben besitzt die Ästhetik als philosophische Teildisziplin?
- Lässt sich eine Wissenschaft des Schönen entwickeln, wenn ja, wie kann das Schöne im Rahmen dieser Theorie bestimmt werden?
- Was ist und soll überhaupt Kunst, welche Rolle spielt sie im menschlichen Leben?
- Ist die Kunst das Andere der Wissenschaften oder gibt es eine ästhetische Dimension auch in den Wissenschaften?

Einstiegsvorschläge

Assoziationen

Die Schüler werden eingangs aufgefordert darzulegen, welches Wort ihnen zuerst einfällt, wenn sie den Ausdruck „ästhetisch“ hören. Erkundet werden soll auf diese Weise, welche *Assoziationen* mit dem Begriff des Ästhetischen normalerweise verbunden sind.

Ein Resultat dürfte sein, dass das Ästhetische von uns alltäglich häufig mit dem Schönen identifiziert wird, wobei als sein Gegenbegriff dann der Begriff des Hässlichen fungiert.

Diskussionsimpuls

Daran anschließend sollte klargemacht werden, dass wir alle fernab von philosophischer Reflexion die Worte schön/hässlich fast täglich gebrauchen, um Menschen und Dinge aus unserer Umwelt zu bewerten. Als *Diskussionsimpuls* könnte in diesem Zusammenhang die Frage dienen: Warum beklagen sich manche Menschen darüber, dass wir heute zwar nicht mehr unter einer politischen Diktatur, dafür aber unter dem Diktat der Schönheit zu leiden hätten? In welchen Bereichen unseres Lebens und bezogen auf welche Gegenstände sind wir heute mit manchmal fast diktatorischen Schönheitsurteilen konfrontiert? Verwiesen werden könnte etwa auf sehr rigide Schönheitsideale bezogen auf den menschlichen Körper und die zu tragende Kleidung, aber auch auf die ausschlaggebende Bedeutung, die das Design inzwischen im Bereich technischer Konsumgüter spielt.

Zeichnung S. 84 interpretieren

In den Mittelpunkt gerückt werden sollte dann der Unterschied zwischen den Bewertungskriterien des Schönen und des Wahren. Erste Anhaltspunkte dafür kann die *Zeichnung* auf *S. 84* liefern. Die Schüler *interpretieren* das Dargestellte. Sie achten dabei auch darauf, wie der Zeichner die verschiedenen Werte gezeichnet hat, warum er der Schönheit zum Beispiel ein weibliches Gesicht gegeben hat oder er die Wissenschaft durch den hoch aufgeschossenen Mann mit Brille symbolisiert.

Wiederholung 2.2

Dann sollten die Besonderheiten der Wissenschaft, die mit ihrer Berufung auf den Bewertungsmaßstab der Wahrheit als Gegenspieler des Ästhetischen in Frage kommt, noch einmal in Erinnerung gerufen werden. Dafür ist eine geraffte *Wiederholung* von Erkenntnissen des Abschnitts *2.2* (Wege in die Wissenschaft) sinnvoll.

Streitgespräch

In Anschluss daran führen die Schüler ein *Streitgespräch* zu der Frage, warum die wissenschaftliche Erkenntnis der Welt allein den Menschen nicht ausreicht, um sich über sich selbst klar zu werden und sich in der Welt zu orientieren. Zugespitzt gefragt: Was leistet die rational sezierende, kühl beobachtende wissenschaftliche Vernunft nicht? Welche menschlichen Bedürfnisse vermag demgegenüber nur die Kunst zu befriedigen? Die Schüler *deuten* als eine mögliche Antwort auf diese Fragen den im Lehrbuch (*S. 85*) verwendeten *Ausdruck* der „Wiederverzauberung der Welt“.

Ausdruck deuten S. 85

Methodische – und Arbeitshinweise

Projekt Ästhetische Erfahrungen (mit Kunst) machen

Über die Arbeitshinweise hinaus, die in den einzelnen Unterabschnitten des Lehrbuches gegeben werden, wird vorgeschlagen, ein *Projekt Ästhetische Erfahrungen (mit Kunst) machen*. „Zur Bedeutung eigener

drei Projektgruppen

ästhetischer Erfahrungen für das Welt- und Selbstverständnis" durchzuführen. Im Rahmen der Projektarbeit könnten *drei Projektgruppen gebildet* werden:

- Projektgruppe 1: Was bedeutet es, eine ästhetische Erfahrung mit Kunst zu machen? Gibt es ästhetische Erfahrungen auch außerhalb der Kunst?
- Projektgruppe 2: Schönheit. Eine Frage des Geschmacks?
- Projektgruppe 3: Was macht Kunst zur Kunst?

Rudolf Wansing, von dem die Projektidee stammt, hat dazu ein umfangreiches Material erarbeitet (siehe unten).

Literaturauswahl

Wansing, Rudolf: Ästhetische Erfahrungen (mit Kunst) machen. Projektskizze. Militzke, Leipzig 2011

2.5 Metaphysik und Mythos im Zeitalter der Wissenschaften

Ziele

Eingeführt werden soll in Fragestellungen der Metaphysik, einer der wichtigsten Arbeitsrichtungen des philosophischen Denkens seit der Antike. Dabei wird die Metaphysik in der Nachfolge von Aristoteles der Physik, also den so genannten exakten Wissenschaften, die es mit der empirischen Erfassung besonderer Gegenstände der Welt zu tun haben, gegenübergestellt.

Untersucht wird in diesem Abschnitt: Was kann am philosophischen Denken, aufgefasst als Metaphysik, fruchtbar sein? Was gerät eventuell in den anderen Wissenschaften aus dem Blick? Da die Relevanz der Metaphysik in der Philosophie selbst umstritten ist, werden zudem Einwände gegen dieses Konzept des philosophischen Denkens geprüft.

Das übergreifende Anliegen des Abschnitts besteht aber nicht allein darin, die Schüler über den Stand einer kontrovers geführten philosophischen Debatte zu informieren, sondern sie ihre eigenen existentiellen Lebensfragen als metaphysischen Fragen erkennen zu lassen.

Untersucht werden weiterhin die Besonderheiten des mythischen Bewusstseins, das seit der Antike dem wissenschaftlichen Denken gegenübergestellt wird. Geklärt werden soll, worin unter Umständen die fortdauernde Leistungsfähigkeit und die Grenzen des mythischen Denkens für die Weltdeutung bestehen.

Inhaltliche Schwerpunkte

In diesem Unterabschnitt werden folgende Fragen diskutiert:

- Was versteht man unter Metaphysik?
- Hat die Metaphysik im Zeitalter der exakten Naturwissenschaften noch einen Platz im System der Wissenschaften? Worin könnte er bestehen?
- Welche Einwände werden von den Gegnern der metaphysischen Denkweise gegen diese vorgebracht?

- Über welche Themen wird im Rahmen der Metaphysik nachgedacht?
- Mit welchen Fragen beschäftigt sich die Ontologie als metaphysische Lehre vom Sein?
- Wie lässt sich im Rahmen metaphysischer Reflexion das Verhältnis von Körper und Geist bestimmen?
- Welche metaphysischen Deutungen des Todes sind möglich?
- Lässt sich eine Letztbegründung unserer Normen und Werte im Sein finden?
- Worin besteht die Spezifik mythischen Denkens? Was kann der Mythos zur Weltdeutung beitragen?
- Welche Parallelen zwischen dem wissenschaftlichen und dem mythischen Denken können trotz aller Unterschiede aufgezeigt werden?

Einstiegsvorschläge

Brainstorming

Begonnen werden könnte etwa mit der berühmten Faust-Frage von Goethe, „was die Welt im Innersten zusammenhält". Die Schüler tauschen sich im Rahmen eines *Brainstormings* darüber aus, warum diese Frage den natur(-wissenschaftlichen) Denkhorizont überschreitet, was Kennzeichen metaphysischer Fragen im Unterschied zu Fragen, die im Rahmen der so genannten exakten Wissenschaften gestellt und beantwortet werden, sein könnten.

Deutung des Bonmots

Alternativ könnte als Einstieg mit der *Deutung* eines bekannten *Bonmots* begonnen werden, das sich mit dem Unterschied zwischen der Philosophie und den exakten Wissenschaften auseinandersetzt. Es lautet: „Philosoph weiß nichts über alles, während der Einzelwissenschaftler alles über nichts weiß." Die Schüler werden aufgefordert, diesen Satz zu interpretieren und zur Bestimmung dessen, was Philosophie als Metaphysik bedeuten könnte, heranzuziehen.

Methodische – und Arbeitshinweise

2.5.1 Die Idee der Metaphysik

S. 106 f.

Methode der Sinnreduktion

Die vier Quellentexte des Abschnittes (*S. 106 f.*) sollten genutzt werden, um das Wesen der metaphysischen Reflexion zu erschließen. Die Schüler erhalten die Aufgaben, mittels der *Methode der Sinnreduktion* die Texte jeweils auf einen oder max. zwei *Hauptbegriffe* zu reduzieren und auf diese Weise die Kernbedeutung von Metaphysik zu erschließen. In Frage kommen solche Begriffe wie: (letzte) Ursache (Warum-Frage); Totalität (Frage nach dem Welt-Ganzen); (letzter) Grund (Frage nach dem Fundament); Absolutes (Frage nach dem Ewigen, Unendlichen).

S. 111 f.

Begriffe markieren

Im Abschnitt „Wie erlangt man ein metaphysisches Wissen?" wird auf Platons Höhlengleichnis eingegangen: Der Text von Wuchterl (*S. 111 f.*) kann zur Erläuterung des Höhlengleichnisses herangezogen werden. Die Schüler *markieren* die *Begriffe* des Textes, die nach

Wuchterl als Schlüssel zur metaphysischen Reflexion dienen können, nämlich:

- Verwunderung
- Verfremdung
- fremder (anderer) Blick
- Umkehr

Begriffe deuten

Anschließend werden diese *Begriffe* in einer Gruppendiskussion *gedeutet*, um gemeinsam zu klären, welche subjektiven Voraussetzungen für eine metaphysische Reflexion gegeben sein müssen.

2.5.2.1 Nachdenken über Sein, Seiendes, Gegenstände

In diesem Abschnitt sollen die Schüler mit einem Kernbereich der Metaphysik, der Ontologie als Lehre vom Sein, vertraut gemacht werden.

S. 111 f.
TE Martin Heidegger zu Seinscharakteristika des Daseins
Begriff des Daseins erschließen

Einer derjenigen Philosophen des 20. Jahrhunderts, der sich sehr intensiv mit ontologischen Fragen beschäftigt hat, ist Martin Heidegger. Über den im Lehrbuch aufgenommenen Text von Wuchterl (*S. 111 f.*) hinausgehend wird empfohlen, einen weiteren Text zu Heideggers „Fundamentalontologie" zu lesen (siehe den *TE Martin Heidegger zu Seinscharakteristika des Daseins*). Auf dieser Basis sollen die Schüler versuchen, den Inhalt des Heideggerschen *Begriffs des Daseins* zu *erschließen*.

2.5.2.2 Wie lässt sich das Verhältnis von Körper und Geist denken?

S. 116 f.
Begriffe nachschlagen
Texte zuordnen

Im Unterabschnitt soll anhand der Texte von Descartes und Perler (*S. 116 f.*) der Frage nachgegangen werden, ob Körper und Geist als real unterschiedliche Substanzen zu begreifen sind oder ob sie als identisch angesehen werden können. Je nach Antwortrichtung lassen sich dualistische und monistische Positionen unterscheiden. Die Schüler sollen die *Begriffe* Dualismus und Monismus in Lexika *nachschlagen* und sie dann jeweils einem der beiden *Texte zuordnen*.

Antworten überprüfen

Es wird aber eine Erweiterung der Aufgabe vorgeschlagen. Das Verhältnis von Körper und Geist lässt sich nämlich noch unter einem anderen Aspekt charakterisieren. Es geht um die metaphysische Frage nach dem primären Sein, also darum, ob der Körper/die Dinge der Außenwelt letztlich den Geist/unser Bewusstsein bestimmen oder umgekehrt. Hier kann je nach Antwortrichtung zwischen Materialismus (Primat der Materie) und Idealismus (Primat des Geistes) unterschieden werden. Nachdem die Begriffe nachgeschlagen wurden, *überprüfen* die Schüler bei einem nochmaligen Durchgang durch die Texte von Descartes und Perler, welche unterschiedlichen *Antworten* auf diese Frage nach dem primären Sein hier gegeben werden. Sie tauschen sich auch darüber aus, warum die Antwort bei Perler nicht so eindeutig ausfällt wie bei Descartes.

2.5.2.3 Die Endlichkeit des Menschen

Die metaphysische Frage, die in diesem Unterabschnitt diskutiert wird, leitet sich aus einem Seinsmerkmal menschlichen Lebens ab, nämlich, dass jedes menschliche Leben endlich ist, zum Leben folglich in einem bestimmten Sinne der Tod gehört. Die Frage lautet: Welche Deutungen des Todes lassen sich in der Philosophie finden? Der Text von F. Savater (*S. 117 f.*) gibt darauf eine prononcierte Antwort. Den Aufgaben des Lehrbuchs auf S. 118 sollte zunächst gefolgt werden.

S. 117 f.

Es bietet sich aber ein Vergleich mit anderen berühmten philosophischen Wortmeldungen zum Thema Tod an. Daher wird empfohlen, den *TE Deutungen des Todes* mit heranzuziehen. Die Schüler lesen die Zusatztexte und *arbeiten* anschließend schriftlich die *Gemeinsamkeiten und Unterschiede* zwischen den Positionen von Savater, Epikur und Seneca zum Tod *heraus*.

TE Deutungen des Todes
Gemeinsamkeiten und Unterschiede herausarbeiten

2.5.2.4 Sind unsere Normen und Werte metaphysisch begründbar?

S. 119 f.

Im Unterabschnitt findet sich ein Text von Hoerster (*S. 119 f.*), der sich kritisch mit der Auffassung auseinandersetzt, man könne Normen und Werte metaphysisch begründen.

Die Schüler werden diese Kritik aber nur partiell nachvollziehen können, weil sie im Unterschied zu Hoerster mit Versuchen metaphysischer Begründung moralischer Normen selbst gar nicht vertraut sind.

Deshalb wird als Ergänzung zum Lehrbuchtext die Beschäftigung mit einem Textauszug von Schopenhauer (siehe den *TE Metaphysische Grundlagen des Mitleids*) vorgeschlagen, um anhand dieses Beispiels die *Spezifik metaphysischer Normenbegründung* zu *verdeutlichen*. Nach Schopenhauer lautet die grundlegende moralische Norm „Verletze niemanden, vielmehr hilf allen, soviel du kannst!“ Das Fundament dieser Norm ist für ihn das den Menschen natürlich innewohnende Mitleid. Er fragt nun aber, wie sich dieses empirisch beobachtbare Phänomen des Mitleids seinerseits erklären lässt. Die Antwort darauf führt ihn ins Feld der Metaphysik.

TE Metaphysische Grundlagen des Mitleids

2.5.3 Welt und Selbst mit Mythen entschlüsseln?

Was unter einem Mythos zu verstehen ist, kann bei den Schülern nicht als geläufig unterstellt werden. Es sollte deshalb zunächst eine *anschauliche Vorstellung* davon *vermittelt* werden, worum es in Mythen geht und wodurch sie gekennzeichnet sind. Dazu kann unter anderem der Textauszug des Lehrbuches aus der Ilias (*S. 121 f.*) genutzt werden.

anschauliche Vorstellung vermitteln
S. 121 f.

Ergänzend zum Verweis auf antike Mythen sollten die Schüler aber weitere *Mythen* aus anderen Kulturkreisen *nennen*, die ihnen von *Filmen* oder von anderen Medien her bekannt sind (z.B. die germanische Nibelungen-Sage, die keltische Artus-Legende, indianische Ursprungsmythen, rumänische Vampirmythen etc.). Es könnte in diesem Zusammenhang – dem *Prinzip fächerübergreifenden Unterrichts* folgend – auch nach Mythen gefragt werden, mit denen die Schüler im Rahmen

Mythen nennen

Prinzip fächerübergreifenden Unterrichts

des Deutschunterrichts vertraut gemacht wurden. Weiterhin könnte auf Mythen aufmerksam gemacht werden, die in der Bibel zu finden sind. Sollte hier die erste Nachfrage ohne Ergebnis bleiben, könnten durch den Lehrer selbst bestimmte biblische Mythen ins Gespräch gebracht werden (wie: der biblische Schöpfungsmythos, Erzählungen von der Sintflut, vom Turmbau zu Babel etc.).

Mythen nacherzählen

Die Schüler sollen versuchen, den Inhalt bestimmter biblischer *Mythen*, soweit er ihnen noch bekannt ist, kurz *nachzuerzählen*.

S. 122 f.
Begriffsexplikation

Nachdem diese anschauliche Grundlage geschaffen wurde, können die Schüler nun, auch unter Zuhilfenahme des Autorentextes auf *S. 122 f.*, eine erste *Begriffsexplikation* von „Mythos" vornehmen. Sie nennen jeweils drei *Kernelemente*, die sie für die Bestimmung *des Begriffs* für unverzichtbar halten und begründen ihre Position (in Frage kämen etwa: Überlieferung, Erzählung, Ursprung, Erklärung für Unerklärliches, göttliche Handlungen, Bildhaftigkeit etc.).

S. 123 f.

Daran könnte sich die Frage anschließen, was Mythen für die Entschlüsselung der Welt und die Verhaltensorientierung leisten können. Dazu wird im Lehrbuch auf *S. 123 f.*, ausgehend von Erkenntnissen von Mythenforschern, ein Angebot gemacht, das man in der Diskussion aufgreifen sollte. Die Schüler *wählen* für die in den Kästen dargelegten Leistungen und Funktionen des Mythos jeweils eine passende *Überschrift* (etwa: Eigenlogik, kulturelle Gesamtdeutung, Erklärungen über Ursprung und Sein der Welt, verbindliche Wertvorstellungen, Sinnproduktion, Legitimation von sozialer Wirklichkeit, Aushalten von Widersprüchen, Trostfunktion).

Überschrift wählen

TE Der Mythus als symbolische Form

Ergänzend zum Lehrbuchtext könnte eine Auffassung von Ernst Cassirer herangezogen werden, der in seiner Philosophie der symbolischen Formen den Mythos als eine symbolische Form bestimmt, mit dem sich der Mensch die Welt verständlich macht (siehe dazu den *TE Der Mythus als symbolische Form*).

Zwischenbilanz

AB Mythisches Denken und wissenschaftliche Rationalität im Vergleich

Dann sollte eine erste *Zwischenbilanz* gezogen werden. Die Schüler erhalten die Aufgabe, schriftlich die *Gemeinsamkeiten und Unterschiede* zwischen dem wissenschaftlich-rationalen und dem mythisch-erzählenden Weltzugang *darzulegen*. Dazu kann das *AB Mythisches Denken und wissenschaftliche Rationalität im Vergleich* genutzt werden. Das Arbeitsblatt enthält weiter unten offene Spalten, in die die Schüler selbst weitere Kriterien eintragen können, die sie für diesen Vergleich beider Denkformen für relevant erachten.

Problemfrage

S. 124 f.

Pro- und Contra-Argumente

Abschließend wäre die *Problemfrage* zu klären, ob Mythen heute – im Zeitalter der Wissenschaft – noch einen berechtigten Platz haben. Der Text von Hübner (*S. 124 f.*) liefert, obwohl er insgesamt eine verneinende Antwort nahe legt, durchaus auch Anhaltspunkte für eine bejahende Antwort. Die Schüler sollen die Kernaussagen des Texte – gegliedert nach *Pro- und Contra-Argumenten* – darlegen. Ergänzend könnte wiederum auf die Auffassung von Cassirer verwiesen werden. Cassirer konstatiert in seinem Buch „Der Mythus des Staates" in durchaus kritischer Perspektive, dass der Mythos in modernen Gesellschaften vor allem im Feld der politischen Ideologie seinen Platz findet. Er hat dabei – bedingt durch die Entstehungszeit des Buches (1945) – vor allem den nationalsozialistischen Rassenmythos im Auge. Die Schüler werden aufgefordert, nach *Beispielen* aus der heutigen Zeit zu suchen,

Beispiele suchen

Mythen in der Politik

die belegen, dass *Mythen in der Politik* weiterhin eine Rolle spielen (man könnte beispielsweise auf Gründungsmythen moderner Staaten oder auf den Mythos von der unsichtbaren Hand des Marktes, mit der die Eigeninteressen zum Gemeinwohl verknüpft werden, verweisen).

S. 126
Essay

Zum Abschluss wird der Vorschlag des Lehrbuches (*S. 126*) aufgegriffen. Die Schüler erhalten die Aufgabe, in einem *Essay* unter dem Titel „Wie stehe ich zu einem Wahrheitsanspruch der Mythen?" Möglichkeiten und Grenzen von mythischem Denken und Sprechen zur Entschlüsselung und Orientierung über das Ich und die Welt darzulegen.

Literaturauswahl

Blumenberg, Hans: Arbeit am Mythos. Suhrkamp, Frankfurt/M. 1996
Cassirer, Ernst: Der Mythus des Staates. Philosophische Grundlagen politischen Verhaltens. Fischer, Frankfurt am Main 1985
Savater; Fernando: Die Fragen des Lebens. Campus, Frankfurt am Main 2007
Schollmeyer, Ulrich: Die Platonischen Mythen und Gleichnisse. Militzke, Leipzig 2007.
Schulze, Markus: Eine Reise durch die Zeit. Mythische und religiöse Überlieferungen in Mitteldeutschland. Teil 1: Pagane Religiosität. Militzke, Leipzig 2010;
Ders.: Eine Reise durch die Zeit. Teil 2: Christliches Mittelalter. Militzke, Leipzig 2011
Wilhelm, Ursula/Wöstenberg, Gabriele: Vom Anfang aller Zeiten. Schöpfungsmythen verschiedener Kulturen. Militzke, Leipzig 2007

3 Ist unser Leben nur gut, wenn wir moralisch handeln

3.1 Werte und Normen

Ziele

In diesem Abschnitt erfolgt eine Einführung in die philosophische Ethik, die sich nach Kant mit der Frage „Was soll ich tun, wie soll ich handeln, um ein gutes Leben zu führen?“ beschäftigt.

Das Ziel des Abschnitts besteht darin, die Schüler zur Klärung eigener Wertpräferenzen bezogen auf das gute Leben anzuregen. Im Ergebnis dessen sollen sie sich eigener Wertvorstellungen bewusst werden, diese aber unter Umständen auch in Frage stellen. Deutlich werden sollte dabei zugleich, dass die Vielfalt gelebter Wertorientierungen in der heutigen pluralistischen Gesellschaft nicht Beliebigkeit des Handelns bedeuten kann. Es soll ein Nachdenken über Grundwerte und Normen angeregt werden, die für das menschliche Zusammenleben als unerlässlich anzusehen sind.

Inhaltliche Schwerpunkte

Diskutiert werden folgende Fragen:

- Was ist unter einem Wert zu verstehen?
- Wozu braucht man Werte, welche Funktion haben Werte im individuellen und sozialen Leben?
- Wie sind Vielfalt und Wandel von Werten in der heutigen Zeit zu erklären?
- In welchem Zusammenhang stehen Werte und Normen?
- Wie funktionieren Normen als Verhaltensorientierung?
- Ist es gut, wenn Normen befolgt werden? Unter welchen Bedingungen ist die Normenverletzung ein Wert?
- Gibt es einen Mittelweg zwischen Normenrelativismus und Normendogmatismus?

Einstiegsvorschläge

Printmedien-Recherche
Kontexte von „Wert“

Die Schüler könnten zu Beginn mit einer *Printmedien-Recherche* beauftragt werden, um herauszufinden, in welchen *Kontexten* der *Ausdruck „Wert“* heute vor allem Verwendung findet (z.B.: Werteverfall, Freiheitswerte, Wertverluste, Wertewandel, Grundwerte, Wertausgleich, Wertstabilität, Wert der Familie, Wertberichtigung, Wert des Lebens, Wertebewusstsein ...). Das Ergebnis dürfte sein, dass der Ausdruck Wert unterschiedlich gebraucht wird, im Mediendiskurs zwar zumeist von pekuniären Werten die Rede ist, aber daneben auch andere, „nichtmaterielle“ Wertmaßstäbe ins Spiel kommen.

Metapher deuten

Diese Medien-Analyse wäre auch eine gute Brücke, um die im Lehrbuch verwendete *Metapher* vom Labyrinth der Werte aufzugreifen und zu *deuten*.

TE Was lohnt sich?

Wertvorstellungen erschließen

Als erweiterter Einstieg wird vorgeschlagen, den Artikel „Was lohnt sich?“ der Jugendzeitschrift „Spiesser“ heranzuziehen (siehe den *TE Was lohnt sich?*). Hier werden Ergebnisse einer Umfrage unter Trierer Gymnasiasten der Jahrgangsstufe 12 dargestellt, die danach gefragt wurden, was ihnen in ihrem Leben wichtig ist. Die Schüler *erschließen* die unterschiedlichen *Wertvorstellungen*, die den abgedruckten Wortmeldungen der Jugendlichen zugrunde liegen.

Methodische – und Arbeitshinweise

3.1.1 Im Labyrinth der Werte

eigener Standpunkt

Pinnwand

In diesem Abschnitt geht es einführend um das, was man unter einem Wert verstehen kann, wozu man Werte braucht. Anknüpfend an die Einstiegsdiskussion zum Text „Was lohnt sich?“ (siehe oben) *formulieren* die Schüler einen *eigenen Standpunkt* zur Frage „Welche Verhaltensweisen lohnen sich?“ Jeder Schüler hält seine Auffassung anonymisiert auf einem A-4-Blatt fest und heftet sie an die *Pinnwand*. Anschließend wird die so entstandene Sammlung von Wertvorstellungen durch die Schüler auf Gemeinsamkeiten und Unterschiede untersucht.

S. 129

Rangfolge bilden

Dann könnte der Aufgabe des Lehrbuches, *S. 129*, gefolgt werden: Die Schüler *wählen zehn Werte aus*, die ihnen wichtig sind, bringen diese in eine *Rangfolge* und begründen ihren Standpunkt.

S. 129 f.

Hauptaussagen rekonstruieren

Gedankenexperiment

Im zweiten Teil des Abschnitts (*S. 129 f.*) geht es um die Funktion von Werten. Die Schüler *rekonstruieren* zunächst die *Hauptaussagen*, die in den Texten von Breun, Rudolph und Yalom dargestellt werden, um die Bedeutung von Werten zu erfassen. Anschließend werden sie zu einem *Gedankenexperiment* aufgefordert: Was wäre, wenn das individuelle und soziale Leben gänzlich frei von Werten wäre. Könnte man dann überhaupt von einem „guten Leben“ reden? Kann ein solches Leben funktionieren?

Ausblick auf das Kap. 5.2

Was die Bedeutung der Werte als Bestandteil der Kultur betrifft, bietet sich zudem ein *Ausblick auf das Kap. 5.2* „Der Mensch als Kulturwesen“ an.

3.1.2 Westliche und andere Werte

S. 130 ff.

Hier geht es um mögliche Besonderheiten „westlicher Werte“. Aus den Texten des Abschnitts (*S. 130 ff.*) geht hervor, dass es in der westlichen Kultur eine Präferenz für Individualwerte gibt, während in anderen Kulturen (insbesondere in afrikanischen oder asiatischen Ländern) Gemeinschaftswerte bevorzugt werden.

begriffliche Unterscheidung

Die Schüler sollten die *begriffliche Unterscheidung* von Individual- und Gemeinschaftswerten zunächst *untersetzen*. Sie *listen* mindestens fünf *Werte auf*, die unter den Begriff der Individualwerte fallen (z.B. Recht auf freie Meinungsäußerung, auf Entfaltung der Persönlichkeit,

Werte gegenüber stellen

auf Religionsfreiheit etc.) und *stellen* diesen wenigsten fünf *Werte gegenüber*, die sich als Gemeinschaftswerte verstehen lassen (z.B. Verteilungsgerechtigkeit, Solidarität mit sozial Schwachen, politische Mitbestimmung etc.).

Standpunktrede

Anschließend sollte der Zusammenhang von Freiheitsrechten und Gemeinschaftswerten thematisiert werden. Dazu könnten die Schüler eine *Standpunktrede* zu der Frage erarbeiten, warum das einseitige Einfordern von Freiheitsrechten, ohne die Wahrnehmung sozialer Verpflichtungen, auf Dauer die Freiheitsrechte des Einzelnen gefährden könnte.

3.1.3 Wandel der Werte und seine Folgen

S. 133

TE Es gibt keinen Stillstand des Wertbewusstseins

Zur Untersetzung der Lehrbuch-These (*S. 133*) vom stetigen Wandel der Werte sollte zunächst auf Positionen von Nicolai Hartmann, einem Vertreter der materialen Wertethik, Bezug genommen werden (siehe den *TE Es gibt keinen Stillstand des Wertbewusstseins*).

TE Das war schon immer so

Um zu verdeutlichen, dass es sich beim heute viel zitierten Wertewandel um kein gänzlich neues Phänomen handelt, könnte zusätzlich ein Text von Norbert Elias, der sich mit Wertvorstellungen bezüglich des Geschlechtsverkehrs auseinandersetzt, die noch bis zum Beginn des 20. Jahrhunderts weit verbreitet waren, herangezogen werden (vgl. den *TE Das war schon immer so*).

3.1.4 Wie Normen funktionieren

S. 136
Begriffsgerüst

Zunächst sollte von den Schülern, ausgehend vom Text von Fenner (*S. 136*), der *Zusammenhang* von Werten (W) und Normen (N) *herausgearbeitet* werden. Folgendes *Begriffsgerüst* kann dafür als Anhaltspunkt genutzt werden:

- (W) Begründung – (N) Handlung
- (W) Bewertung – (N) Verpflichtung
- (W) Allgemeine Zielorientierungen – (N) konkrete Handlungsanforderungen

S. 136 f. Fallbeispiel

Der im Lehrbuch dargestellte Funktionsmechanismus von Normen (*S. 136 f.*) sollte möglichst *anhand* eines *Fallbeispiels* dargestellt und *erläutert* werden. Es bietet sich als Analysegrundlage beispielsweise die an Ihrer Schule geltende Schulordnung an. Die Schüler *analysieren* die Schulordnung unter folgenden *Gesichtspunkten*:

- Welche Normen sind in der Schulordnung zu finden?
- Für wen gilt die Schulordnung? Wie weit muss man sich an sie halten?
- Wer überwacht die Einhaltung der Schulordnung?
- Welche Sanktionen sind laut Schulordnung möglich, sollte es zu krassen Verstößen gegen die dort formulierten Regeln und Anforderungen kommen?

In Anschluss daran tauschen sich die Schüler über ihre Recherche-Ergebnisse in der Gruppe aus.

begründete Vorschläge erarbeiten

Zusätzlich werden die Schüler aufgefordert, *begründete Vorschläge* zu *erarbeiten*, wie die Schulordnung ihrer Meinung nach geändert werden müsste. Um das Nachdenken anzuregen, könnten *durch* den *Lehrer* folgende *Hinweise* gegeben werden: Welche neuen Normen sollen in die Schulordnung aufgenommen bzw. welche der fixierten Normen unbedingt gestrichen werden? Sollte die Einhaltung der Normen an der Schule strenger kontrolliert werden oder lascher gehandhabt werden als bisher? Erachten Sie die in der Schulordnung enthaltenen Sanktionen für unzureichend oder für überzogen?

3.1.5 Verlieren Normen ihren Wert?

Hinsichtlich der Geltung von Normen sollten auf zwei gleichermaßen bedenkliche Tendenzen hingewiesen werden, einerseits die dogmatische Normenbefolgung, andererseits die verbreitete laissez-faire-Haltung, die das Übertreten von Normen zur Norm erhebt.

S. 138 ff.

Deshalb sollte in diesem Abschnitt in Auseinandersetzung mit hier enthaltenen Texten von Frankena und Plack (*S. 138 ff.*) zum einen deutlich werden, dass ein Normwandel „normal" ist, denn in Normen schlagen sich gesellschaftliche Werte nieder und diese ändern sich historisch (siehe die Abschnitte 3.1.3 und 3.1.4). Als *Diskussionsanreiz* könnte in diesem Zusammenhang die Frage dienen: Unter welchen Bedingungen ist die Normverletzung selbst ein Wert? Die Schüler suchen nach *Beispielen aus der Geschichte*, wo die Normverletzung sich als lobenswertes Verhalten erwiesen hat (etwa: Christus, Gandhi, Deserteure im 2. Weltkrieg etc.)

Diskussionsanreiz

Beispiele aus der Geschichte

S. 139 f.

Zum anderen sollten in dieser Diskussion aber auch die Gefahren benannt werden, wenn die Normverletzungen in einer Gesellschaft „normal" werden, Normen also ihren Wert als Verhaltensorientierung verlieren. Der Text von Dahrendorf (*S. 139 f.*) weist auf solche Gefahren hin. Die Schüler *erschließen* die *Bedeutung* dessen, was Dahrendorf unter dem *Begriff* der Anomie versteht und worauf er diesen Zustand zurückführt.

Streitgespräch

In Anschluss daran sollte ein *Streitgespräch* zu der Frage angeregt werden, ob es aus Sicht der Schüler elementare Normen gibt, die für ein gesellschaftliches Zusammenleben unverzichtbar sind und die daher unbedingt eingehalten werden sollten.

Zusammenfassung

In der *Zusammenfassung* könnten beide Diskussionsstränge wieder zusammengeführt werden: Die Schüler *beziehen Position zu der Frage*, ob es einen Mittelweg zwischen subjektiver Beliebigkeit des Verhaltens und unkritischer Normenbefolgung geben kann. Sie nehmen dafür die Argumentation von Spaemann zur Hilfe (siehe den *TE Sind Gut und Böse relativ?*).

TE Sind Gut und Böse relativ?

Über die Gedanken des Lehrbuches hinausgehend, sollte aber noch ein weiteres Problem angesprochen werden, das für das Thema Werte und Normen von Bedeutung ist: Es kommt nämlich in der Gegenwart nicht nur zu einer Entwertung von Normen, sondern es ist im Gegenteil in bestimmten Bereichen sogar eine Normenverschärfung zu verzeichnen. Das wird vor allem in einer längerfristigen Perspektive sichtbar. Die Schüler werden aufgefordert, ihre *Eltern zu befragen*, ob diese in ihrem bisherigen Leben Beispiele für eine Normverschärfung beobachten konnten (Stichworte könnten sein: Hartz IV, Kindesmisshandlung, Gewalt in der Ehe, AIDS-Verhütung, Nicht-

Eltern befragen

Fallbeispiel

neue Regelungen recherchieren

raucherschutz, Gesundheitsvorschriften etc.). Die Schüler erhalten dann die Aufgabe, bezogen auf ein *Fallbeispiel*, etwa den Nichtraucherschutz, zu *recherchieren*, durch welche *neuen Regelungen* im Rahmen der EU bzw. Deutschlands hier in den letzten 20 Jahren die Verhaltensspielräume eingeschränkt wurden und wie solche Regelneusetzungen begründet wurden.

Literaturauswahl

Fenner, Dagmar: Ethik. Wie soll ich handeln? (insbes. Kap. 6 „Werte, Prinzipien, Rechte und Normen"). A. Francke, Tübingen und Basel 2008
Hartmann, Nicolai: Ethik. Walter de Gruyter, Berlin 1954.
Luutz, Wolfgang: Verantwortung – ethische Grundlagen und Diskussionsfelder. Militzke, Leipzig 2010.
Schweppeshäuser, Gerhard: Grundbegriffe der Ethik zur Einführung. Junius, Hamburg 2003.

3.2 Theorien ethischen Handelns

Ziele

Um der verbreiteten „Alles ist möglich/nichts ist verbindlich"-Haltung in Fragen der eigenen Lebensführung entgegen zu wirken, sollen die Schüler zum Nachdenken über allgemeine Maßstäbe des guten Lebens bzw. richtigen Tuns angeregt werden. Dazu werden entsprechende Angebote, die in verschiedenen ethischen Theorien unterbreitet werden, herangezogen. Die Schüler sollen sich mit Stärken und Schwächen der vorgestellten ethischen Theorien auseinandersetzen.

Diese ethische Reflexion ist aber nicht Selbstzweck. Es geht vielmehr darum, bezogen auf wesentliche Handlungsfelder wie die Sorge um das Selbst oder die Stärkung des sozialen Miteinanders bei den Schülern Dispositionen zu moralisch verantwortlichem Handeln auszuprägen.

Inhaltliche Schwerpunkte

Es werden folgende ethische Theorien mit ihren moralischen Prinzipien vorgestellt und in ihren Hauptargumentationen nachvollzogen:

- Aristoteles perfektionistische Ethik, seine Ethik der Glückseligkeit,
- Kants Pflichtenethik, die den Menschen als vernünftiges Wesen zugrunde legt,
- die utilitaristische Ethik in ihren unterschiedlichen Varianten, die das Nutzenprinzip als obersten Moralgrundsatz begreift,
- Ansätze einer anthropologisch fundierten Ethik.

Einstiegsvorschläge

Da der Wertmaßstab des Guten für die Sphäre des moralischen Lebens von zentraler Bedeutung ist, sollte der Alltagsgebrauch des

Wortes „gut“ den Ausgangspunkt der Überlegungen in diesem Abschnitt bilden.

AB Was „etwas Gutes tun“ von „etwas gut tun“ unterscheidet

Im *AB Was „etwas Gutes tun“ von „etwas gut tun“ unterscheidet* sind eine Reihe alltäglicher Verwendungen von „gut“ aufgelistet. Die Schüler können diese Liste durch weitere ihnen geläufige Ausdrücke, in denen das Wort „gut“ vorkommt, ergänzen. Diese Auflistung sollte nun zur Klärung verbreiteter Intuitionen von „moralisch gutem Tun“ im Unterschied zu „etwas gut machen“ genutzt werden. Die Schüler kreuzen an, in welchen Verwendungsweisen sich aus ihrer Sicht das moralisch Gute ausdrückt und begründen ihre Auffassung.

Methodische – und Arbeitshinweise

3.2.1.1 Das höchste Gut zwischen Selbstzweck und Zweckmäßigkeit

S. 141 f.
Grundunterscheidung wiedergeben
Beispiele suchen

Ausgehend von dem weiter oben vorgeschlagenen Einstieg, über alltägliche Verwendungsweisen des Wortes „gut“ nachzudenken, kann zur weiteren Klärung des moralisch Guten der Text von Aristoteles (*S. 141 f.*) herangezogen werden. Die Schüler *geben* zunächst *mit eigenen Worten* die von Aristoteles vorgenommene *Grundunterscheidung* hinsichtlich verschiedener Arten von Tätigkeiten/Zielen *wieder*. Anschließend *suchen* sie nach *Beispielen* aus ihrem Umfeld für Tätigkeiten, die sie nur als Mittel zum Zweck für gut erachten, im Unterschied zu den Zielen, die sie als wesentlich für ein geglücktes Leben ansehen und daher um ihrer selbst willen anstreben.

3.2.1.2 Kann der Mensch als Einzelner Glückseligkeit erlangen?

S. 143 f.
TE Ohne das Leben in der Gemeinschaft gibt es keinen Grund, moralisch zu sein

Ergänzend zu den Texten des Lehrbuches auf *S. 143 f.* sollte der *TE Ohne das Leben in der Gemeinschaft gibt es keinen Grund, moralisch zu sein* des amerikanischen Kommunitaristen MacIntyre herangezogen werden. Die Schüler *rekonstruieren* zunächst die *Hauptaussagen* der Texte. Anschließend verfassen sie eine eigene *Stellungnahme zu* der *These*, dass die Grundlage für die Möglichkeit und Notwendigkeit moralischen Verhaltens „der Mensch in Gemeinschaft“, und nicht „das von der Gesellschaft isolierte Individuum“ ist.

3.2.2 Ist ein gutes Leben von der Vernunft geleitet?

Dieser Abschnitt hat Brückenfunktion. Mit ihm soll Kants Auffassung von Moralität, die den Menschen als vernünftiges Wesen unterstellt, vorbereitet werden.

S. 146

Orientierungsfragen für Textinterpretation

Die Kant-Texte (*S. 146*) sind sicher nicht einfach lesbar. Es sollten deshalb Hilfestellungen gegeben werden. Die folgenden *Orientierungsfragen* könnten den Schülern vorab für ihre *Textinterpretation* in die Hand gegeben werden:

- Was unterscheidet den Menschen nach Kant von der übrigen lebendigen Natur?

- Was bedeutet es, dass der Mensch sich (seinen Charakter) selbst schafft?
- Welcher Zweck ist im Menschen von Natur aus angelegt?
- Warum ist der letzte Zweck des Mensch-Seins für Kant nicht Wohlleben/Glückseligkeit?

Wiederholung 1.2.1

Zusätzlich könnte in *Wiederholung* von Erkenntnissen des Abschnittes *1.2.1* der Leitspruch von Kants Aufklärungsphilosophie in Erinnerung gebracht werden („habe Mut, dich deines eigenen Verstandes ohne Leitung eines anderen zu bedienen"), um Kants Vernunftsanspruch zu verdeutlichen.

3.2.2.1 Moralität und Legalität oder aus Pflicht handeln

S. 147
neue Unterscheidung rekonstruieren

Zunächst sollte anhand des Textes (*S. 147*) die Kantsche *Unterscheidung* von Legalität (als pflichtgemäßem Handeln) und Moralität (als Handlung aus Pflicht) *rekonstruiert* werden.

Problemfragen

Die Schüler sollten Kants Unterscheidung mit ihrem eigenen Vorverständnis des Moralischen in Verbindung bringen. Dazu könnten folgende *Problemfragen* gestellt werden: Ist legales, gesetzeskonformes Verhalten in jedem Fall als moralisch richtiges Verhalten zu bewerten? Kann es umgekehrt moralisch gerechtfertigt sein, Gesetze zu verletzen? Als *Diskussionsanreiz* kann dazu das *AB Das Heinz-Dilemma* mit herangezogen werden.

AB Das Heinz-Dilemma
S. 147 unten
mit eigenen Worten wiedergeben

Dann wird im Autorentext (*S. 147 unten*) auf vier grundlegende moralische Pflichten aufmerksam gemacht. Die Schüler sollten *mit eigenen Worten wiedergeben*, von welchen – aktuell durchaus bedeutsamen – *Verpflichtungen* hier die Rede ist. Leider gibt der Autorentext in einem Punkt zu Missverständnissen Anlass. Von den aufgeführten Pflichten gehören nach Kant nur zwei zu den vollkommenen Pflichten, nämlich „Kein lügenhaftes Versprechen" und „Verbot des Selbstmords". Hingegen rechnet Kant die Pflicht zur Entfaltung der eigenen Anlagen und die Pflicht zur Hilfe in der Not zu den unvollkommenen Pflichten, die wir nur nach Maßgabe unseres eigenen Vermögens erfüllen können.

S. 148 f.
kategorischen Imperativ erläutern

Im weiteren Verlauf (*S. 148 f.*) wird Kants Verfahren zur Überprüfung der Moralität einer Handlung, sein *kategorischer Imperativ*, anhand dreier *Beispiele erläutert*: Es geht um die Frage, ob ein lügenhaftes Versprechen moralisch akzeptabel ist, ob es gerechtfertigt sein kann, sich selbst zu töten und ob es richtig ist, wenn wir unsere glücklichen Naturanlagen vernachlässigen.

S. 148 unten
Drei-Schritte-Prüfverfahren

Die Schüler *wenden* das auf *S. 148 unten* vorgestellte *Drei-Schritte-Prüfverfahren* Kants *an*, um die dargestellten Handlungen auf ihren moralischen Gehalt hin zu bewerten.

Fallbeispiel

Zusätzlich könnte im Unterricht ein viertes von Kant diskutiertes *Fallbeispiel*, das im Lehrbuch nicht enthalten ist, aufgegriffen und mittels des Kantschen Kategorischen Imperativs auf seine moralische Qualität überprüft werden: die Verweigerung von Hilfe in der Not.

AB Sind wir zur Hilfe in der Not moralisch verpflichtet?

Dazu kann das *AB Sind wir zur Hilfe in der Not moralisch verpflichtet?* herangezogen werden.

3.2.2.2 Imperative und Freiheit

Moral ist nach Kant der Bereich der Pflicht und in Pflichten drückt sich ein Sollen, ein Tun-Müssen aus. Das führt notwendigerweise zum Begriff des Imperativs. Wichtig ist es zunächst, den Begriff Imperativ für die Schüler vorstellungsmäßig etwas anzureichern. Die Schüler werden aufgefordert, Übersetzungen, partielle *Synonyme für den Ausdruck „Imperativ“* zu finden (etwa: Sollen, Befehl, Gesetz, Vorschrift, Regel etc.).

Synonyme für „Imperativ“

Im Mittelpunkt des Abschnitts steht dann Kants Unterscheidung zwischen dem hypothetischen und dem kategorischen Imperativ (*S. 150 ff.*). Ganz wichtig ist aus meiner Sicht hierbei, dass der *Zweck dieser Unterscheidung* für die Schüler *plausibel gemacht* wird. Dies könnte durch die *Wiederholung* von Erkenntnissen zur Funktion von Normen aus dem Abschnitt *3.1.4* geschehen. Jede Norm, wurde hier gesagt, gebietet ein Verhalten, stellt eine Verhaltensvorschrift dar. Es gibt nun aber eine Vielzahl von Normen, die keine moralischen Vorschriften darstellen. Die Schüler *suchen nach Beispielen* für Regeln und Normen, die keine moralische Qualität haben (z.B. technische Vorschriften, Diätvorschriften, Vorschriften zu Inbetriebnahme von Geräten etc.). Als *Zwischenbilanz* könnte festgehalten werden: Mit dem Begriff des hypothetischen Imperativs erfasst Kant genau solche nichtmoralischen Vorschriften, während er den Kategorischen Imperativ als sittliches Gesetz bestimmt.

S. 150 ff.

Wiederholung 3.1.4

nach Beispielen suchen

Zwischenbilanz

Dann sollten durch die Schüler ausgehend vom Kant-Text *S. 150 f.* die entscheidenden *Unterschiede* zwischen dem kategorischen Imperativ (als Imperativ der Sittlichkeit) und den bloß hypothetischen Imperativen *herausgearbeitet* werden (etwa: der moralische Imperativ hat seinen Zweck in sich selbst/ist objektiv notwendig/ist eine Vorschrift der Vernunft – nichtmoralische Imperative sind als Mittel zum Erreichen anderer Zwecke gut/sind subjektiv zufällig/korrespondieren mit unseren Neigungen).

S. 150 f.

Unterschiede herausarbeiten

Abschließend könnte eine *Problemdiskussion* zu der Frage geführt werden, wie für Kant Freiheit möglich ist, obwohl der Mensch doch dem kategorischen Imperativ, dem Sittengesetz unterworfen ist. Als Schlüssel dafür erweist sich Kants Begriff der Autonomie. Die Schüler schlagen in philosophischen Lexika nach, was Kant unter dem Begriff der Autonomie versteht und woran er Autonomie bindet. Sie *deuten* dessen *Grundidee*, dass sich der Mensch als vernünftiges Wesen in freier Entscheidung das moralische Gesetz selbst gibt.

Problemdiskussion

Grundidee deuten

3.2.3 Ist moralisch, was von Nutzen ist?

S. 153 ff.

In diesem Abschnitt (*S. 153 ff.*) geht es um Leistungsfähigkeit und Grenzen der utilitaristischen Ethik.

Den Vorstellungen des Lehrbuchs entsprechend sollen anhand eines *Simulationsbeispiels*, des Psychopharmazeutikums *„PowKreVit“*, Auffassungen von Moralität diskutiert werden, für die der Begriff des Nutzens zentral ist.

Simulationsbeispiel „PowKreVit“

Das Menschenbild, das den dargestellten Versuchsreihen und der Einführung des Medikaments zugrunde liegt, lässt sich recht gut

Fragenkatalog als Orientierung

rekonstruieren: Der folgende *Fragenkatalog* könnte beim Lesen des umfangreichen Textes *als Orientierung* dienen:

- Wovon träumt Prof. Phorbs?
- Welche weit verbreiteten Wünsche von Menschen verspricht das Medikament „PowKreVit“ zu erfüllen?
- Welche Seite des Mensch-Seins wird durch diese hier dargestellten Vorstellungen ausgeblendet?

Schwieriger dürfte es für die Schüler sein, die Moralvorstellungen der im Fallbeispiel „PowKreVit“ handelnden oder von ihm betroffenen Akteure differenziert zu beurteilen. Als nachteilig könnte sich herausstellen, dass das utilitaristische Nutzenprinzip, das hier offensichtlich kritisch in den Blick genommen werden soll, noch gar nicht in seinen unterschiedlichen Varianten (Handlungs- und Präferenzutilitarismus) systematisch vorgestellt wurde. Deshalb sollte über die moralische Qualität der Handlungen der betreffenden Akteure an späterer Stelle, nach Durchgang durch die Texte des Abschnitts 3.2.3.1, noch einmal diskutiert werden.

3.2.3.1 Formen des Utilitarismus

Definition erarbeiten

Bevor die unterschiedlichen Formen des Utilitarismus detailliert in den Blick genommen werden, sollte eine knappe *Definition* von „Utilitarismus“ *erarbeitet* werden. Zum Beispiel: „Der Utilitarismus ist eine ethische Theorie, die die Moralität einer Handlung daran bindet, ob sie dem Wohl, Glück (Nutzen) aller Betroffenen dient.“

Dann erst sollte auf die Besonderheit des Handlungsutilitarismus eingegangen werden. Dazu finden sich im Lehrbuch mehrere, recht ausführliche Textauszüge der beiden Begründer dieser klassischen Variante des Utilitarismus Bentham und Mill.

S. 156 ff
Fragen als Interpretationshilfen

Zunächst zum Bentham-Text (*S. 156 ff*): Hierfür könnten folgende *Fragen als Interpretationshilfen* dienen:

- Was versteht Bentham unter Nutzen (Nützlichkeit), welche Begriffe werden von ihm zur Erläuterung des Nutzenprinzips herangezogen?
- Warum ist für ihn die Nützlichkeit das Kriterium für moralisches Verhalten?
- Um wessen Nutzen geht es, wenn vom Nutzen als Kriterium moralischen Handels die Rede ist?
- Was ist nach Bentham mit Nutzen für die Gemeinschaft gemeint?

S. 158 ff.
unterstützende Fragen

Der dann folgende recht lange Textauszug von Mill (*S. 158 ff.*) sollte ebenfalls durch *unterstützende Fragen* erschlossen werden, etwa:

- Was versteht Mill unter dem Prinzip der Nützlichkeit?
- Wie begegnet Mill dem Einwand, dass der Utilitarismus den Menschen mit seiner Konzentration auf Lustmaximierung auf das Niveau des Schweins herabziehe?
- Redet Mill einer egoistischen Nutzenmaximierung das Wort? Warum korrespondiert nach seiner Auffassung das Nutzenprinzip mit der „Goldenen Regel“?
- Inwiefern werden bereits durch Mill Grundlagen für eine Tierethik gelegt?

- Wie versucht Mill das Nutzenprinzip (das Prinzip des allgemeinen Glücks) zu beweisen?

Zwischenbilanz

Dann wäre Gelegenheit, eine erste *Zwischenbilanz* zu ziehen und die Frage aufzuwerfen: Was unterscheidet den Handlungsutilitarismus Benthams und Mills von der Kantschen Prinzipienethik? Dazu kann als Zusammenfassung die *ÜB Ethische Theorien im Vergleich* genutzt werden. Herausgearbeitet werden sollte, dass es sich um unterschiedliche **Typen ethischen Argumentierens** handelt, die sich wie folgt voneinander abheben lassen: Der Utilitarismus geht bei der Bestimmung des Moralischen von bestimmten materialen Zielen (Wohlfahrt, Lust, Glück) aus. Insofern handelt es sich um eine teleologische Ethik. Im Unterschied dazu führt Kant die Moralität einer Handlung auf den kategorischen Imperativ, ein formales Prinzip, zurück (deontologische Ethik). Entscheidend für die Moralität einer Handlung sind im Utilitarismus die Handlungsfolgen, nämlich die Auswirkungen auf das Glück aller. Einen solchen Begründungsansatz nennt man auch konsequenzialistische Ethik. Hingegen ist für Kant die moralische Qualität einer Handlung, von der Wirkung unabhängig, allein im zugrunde liegenden Motiv zu suchen (Maximenethik).

ÜB Ethische Theorien im Vergleich

S. 160 ff.

Im dritten Teil des Abschnittes (*S. 160 ff.*) wird auf moderne Varianten des Utilitarismus, insbesondere Singers Präferenzutilitarismus, eingegangen. Um die Besonderheiten dieses Ethikansatzes zu charakterisieren, sollte zunächst gefragt werden, was Singer unter *Präferenzen* versteht. Die Schüler nehmen eine erste *Begriffsklärung* vor (Präferenzen im Sinne von dem, was man vorzieht, sich wünscht, woran man Interesse hat). Sie arbeiten heraus, worin sich dieser Ansatz vom dem auf Lust/Glück setzenden klassischen Utilitarismus unterscheidet. *Unterschiede* zwischen beiden Begründungsansätzen sollten dann anhand eines *Anwendungsbeispiels*, der strittigen Frage, ob/inwieweit es Unrecht ist, menschliche Personen zu töten, *verdeutlicht* werden. Die Schüler halten die Argumentationen des klassischen und des Präferenzutilitatismus zu dieser Frage in einer Tabelle fest. Sie können dafür das *AB Warum es unrecht ist, Menschen ihr Leben zu nehmen* nutzen.

Präferenzbegriff

Unterschiede am Anwendungsbeispiel verdeutlichen

AB Warum es unrecht ist, Menschen ihr Leben zu nehmen S. 153 ff.

Abschließend sollte man noch einmal auf das Simulationsbeispiel, die Zulassung des Medikaments „PowKreVit! (*S. 153 ff.*), zurückkommen. Die Schüler nutzen die erarbeitete präferenzutilitaristischer Position, um das Verhalten von Prof. Phorbs und seiner Mitarbeiter zu bewerten.

3.2.3.2 Vom Nutzen zur Menschwerdung – eine Rückbesinnung auf die Philosophische Anthropologie

S. 165 f.

Abschließend wird mit dem Ansatz von Kamlah (*S. 165 f.*) vertraut gemacht, der seine Ethik auf dem Begriff der Bedürftigkeit aufbaut. Zunächst sollte der wesentliche *Inhalt dieses Begriffs herausgearbeitet* werden. Die Schüler entwerfen ein *Begriffsnetz*, indem sie Bedürftigkeit in Beziehung zu anderen tragenden Begriffen des Konzepts (wie: Güter, Bedürftigkeit andere Menschen, Zusammenwirken mit anderen, Einsicht ...) in Beziehung setzen.

Begriffsnetz

S. 166

Zusammenfassend *arbeiten* die Schüler *heraus*, was die Kamlah-Auffassung „Es liegt in deinem wohlverstandenen Interesse, dich aus der gierigen Verfolgung deiner Interessen zu befreien“ (*S. 166*) von

Vorstellungen vom guten Leben *unterscheidet*, die in den anderen in diesem Abschnitt verhandelten ethischen Theorien unterbreitet wurden, etwa:

- nur an die Befriedigung der eigenen Bedürfnisse zu denken,
- als vernünftiges Wesen, in freier Entscheidung Pflichten auch wider die Neigung zu erfüllen (Kant),
- nach dem Glück (dem eigenen wie dem Glück aller von meinen Handlungen Betroffenen) zu streben (Mill),
- in meinen Handlungsorientierungen die Interessen aller von meinen Handlungen Betroffenen gleichgewichtig berücksichtigen (Singer).

Anwendung auf Streitfrage

Abschließend *wenden* sie diese verschiedenen *Typen ethischen Argumentierens* bei der Klärung der *Streitfrage an*, ob aktive Sterbehilfe moralisch richtig/moralisch falsch ist.

Literaturauswahl

Fischer, Peter: Einführung in die Ethik. UTB W. Fink, München 2003
Kant, Immanuel: Die Metaphysik der Sitten. Reclam, Stuttgart 1990
Pieper, Annemarie (Hg.): Geschichte der neueren Ethik, Bd. 1, UTB A. Francke, Tübingen/Basel 1992
Schweppenhäuser, Gerhard: Grundbegriffe der Ethik zur Einführung. Junius, Hamburg 2003

3.3 Ökologische Ethik

Ziele

Die ökologische Ethik wird hier als – historisch gesehen recht junge – Teildisziplin der philosophischen Ethik vorgestellt. Sie ist Ausdruck einer ethischen Umorientierung, die ab den 60er/70er Jahren des vorigen Jahrhunderts einsetzte, als man sich bewusst wurde, dass die Menschheit auf eine ökologische Krise zusteuert.

Ein Ziel dieses Abschnitts ist es, das Anliegen und die Aufgaben dieser neuen Ethik, die den Schutz der natürlichen Umwelt in den Mittelpunkt rückt, zu verdeutlichen.

Die Schüler werden mit unterschiedlichen philosophisch-ethischen Begründungsansätzen vertraut gemacht, die alle um die Frage kreisen, warum der Mensch heute für die Bewahrung der Natur die moralische Verantwortung übernehmen muss.

Der Anspruch besteht aber nicht nur darin, dass die Schüler lernen, zu Fragen des Umweltschutzes begründet Stellung zu nehmen. Vielmehr sollen auch motivationale und normative Grundlagen für einen verantwortungsbewussten Umgang jedes Einzelnen mit der Natur geschaffen werden.

Inhaltliche Schwerpunkte

Es wird vorgeschlagen, die Notwendigkeit und die spezifischen Züge einer ökologischen Ethik nicht, wie vielfach praktiziert, anhand des Klimawandels, sondern vorrangig am Beispiel des Artenschutzes zu diskutieren.

Begonnen wird mit der Frage, worin der Paradigmenwechsel besteht, der durch die ökologische Ethik im Feld der ethischen Reflexion eingeleitet wurde. Als einer der Vordenker dieses Paradigmenwechsels wird der Philosoph Hans Jonas vorgestellt. Die Schüler werden mit Grundlagen und Imperativen seiner Verantwortungsethik vertraut gemacht.

Gefragt wird weiterhin danach, welche Argumentationstypen (Modelle) im Feld der ökologischen Ethik existieren. In Sonderheit wird auf spezifische Züge nichtanthropozentrischer (von einem Eigenwert der Natur ausgehender) Begründungsansätze im Unterschied zu anthropozentrischen (von menschlichen Bedürfnissen ausgehender) Begründungsansätzen eingegangen. Im Lehrbuch werden verschiedene Konzepte, die von einem Eigenwert der Natur ausgehen, so Peter Singers Tierethik, der Rechte-Ansatz von Laurence H. Tribe sowie der tiefenökologische Ansatz von Bill Devall, vorgestellt und einer kritischen Sichtung unterzogen.

Einstiegsvorschläge

Dokumentarfilm

Als Einstieg in die Diskussion könnte der *Dokumentarfilm* des Tierschützers Bernhard Grzimek „Serengeti darf nicht sterben“ oder, wenn dieser nicht verfügbar ist, ein Film aus der von ihm mitgestalteten hr-Sendereihe „Ein Platz für Tiere“, gezeigt werden.

Alternativ könnte aber auch ein eher problemorientierter Einstieg gewählt werden: Bezug genommen werden könnte auf in der Öffentlichkeit kontrovers diskutierte Programme zur Wiederansiedlung von Wölfen in Sachsen und Brandenburg oder von Braunbären in den

Problemfrage

bayrischen Alpen. Die einführende *Problemfrage* könnte lauten: Sind solche Bemühungen zu unterstützen oder handelt es sich um einen entbehrlichen Luxus, der von bestimmten Interessengruppen (Tierschützern) vorangetrieben wird.

Methodische – und Arbeitshinweise

3.3.1 Artenschutz als Beispiel ökologischer Ethik

Rote Liste recherchieren

Den Schülern wird die Aufgabe gestellt, selbständig zu *recherchieren*, welche Tier- bzw. Pflanzenarten auf der *Roten Liste* gefährdeter einheimischer Pflanzen bzw. Tiere stehen. Sie erhalten dazu den Hinweis, dass es zu dieser Frage einen jährlichen Bericht des Bundesministeriums für Umwelt und Verbraucherschutz gibt, aber sich dafür auch Dokumente von Naturschutzorganisationen wie Greenpeace, BUND für Umwelt und Naturschutz Deutschland oder NABU – Naturschutzbund Deutschland e.V. nutzen lassen.

3.3.2 Der Paradigmenwechsel zur ökologischen Ethik

Begriff klären

Zunächst sollte der *Begriff* der ökologischen Ethik kurz *geklärt* werden. Dabei sollten die Schüler ihn sowohl zu dem Begriff Ethik als auch

S. 169

zum Begriff der Ökologie in Beziehung setzten. Dazu kann der Autorentext, *S. 169* genutzt werden. Soweit vorhanden, kann aber auch auf Erkenntnisse aus dem Biologie-Unterricht zurückgegriffen werden

S. 169 f.
biografische Daten Hans Jonas'

Grundlage der Diskussion zu Wesenszügen der ökologischen Ethik sind dann vor allem die Textauszüge von Hans Jonas aus seinem Buch „Das Prinzip Verantwortung" (*S. 169 f.*). Jonas denkt hier über Grenzen der alten Ethik und Grundzüge einer neuen Ethik der Verantwortung nach. Einführend *informieren sich* die Schüler anhand ihnen freigestellter Quellen *über* die Entstehungsgeschichte dieses Werkes und wichtige *biografische Daten* des Autors.

S. 170
TE Merkmale der alten Ethik
in eigenen Worten wiedergeben

Für die Bewältigung der Arbeitsaufgabe des Lehrbuches (*S. 170*), welche Grenzen die alte Ethik nach Hans Jonas aufweist, kann der *TE Merkmale der alten Ethik* herangezogen werden. Die Schüler erhalten die Aufgabe, mit *eigenen Worten wiederzugeben*, worin die *Grenzen der bisherigen Ethik* bestehen, und halten ihre Überlegungen auf dem Arbeitsblatt fest.

AB Alte und neue Imperative
Verhaltensvorschriften
ableiten

Dann werden die Schüler zum Nachdenken darüber aufgefordert, welche moralischen Verpflichtungen ihrer Meinung nach unbedingt in eine solche ökologische Ethik aufgenommen werden müssten. In diesem Zusammenhang diskutieren sie die Tragfähigkeit der von Jonas gegebenen Antwort, der für unser technologisches Zeitalter einen neuen obersten Imperativ vorschlägt. Dazu kann das *AB Alte und neue Imperative* genutzt werden. Die Schüler *interpretieren* zunächst den *wesentlichen Gehalt* dieses Imperativs und stellen dann Überlegungen darüber an, welche *Verhaltensvorschriften* sich aus ihm für den Umgang mit risikoreichen Technologien *ableiten* lassen.

kritische Reflexion
Mindmap zum Begriff Schutz

Abschließend sollte eine erste *kritische Reflexion* über mögliche Einseitigkeiten der Betrachtung der Natur unter dem Blickwinkel des „Naturschutzes" angeregt werden. Die Schüler erhalten die Aufgabe, eine *Mindmap zum Begriff Schutz* erstellen. Der Lehrer sollte dazu *orientierende Hinweise* geben, etwa: Wer verdient Schutz, wer ist Objekt des Schutzes? Was sagt der Begriff Schutz über das Verhältnis Subjekt (Mensch) und Objekt (Natur) aus?

3.3.3 Anthropozentrische und nichtanthropozentrische Begründungsansätze für ökologische Ethik

S. 170 f.
mit eigenen Worten wiedergeben
Beispiele aus dem Bereich des
Artenschutzes

Im Rahmen dieses Abschnitts sollen zunächst die Wesenszüge der beiden grundlegenden Argumentationstypen, die im Rahmen der Ethik für den Schutz der natürlichen Umwelt entwickelt wurden, des anthropozentrischen und des nichtanthropozentrischen Begründungsansatzes, dargestellt werden. Dazu kann der Text von Birnbacher (*S. 170 f.*) herangezogen werden. Die Schüler sollen *mit eigenen Worten wiedergeben*, wodurch sich die *Auffassung* vom Naturschutz als einer primären Pflicht von der Deutung des Naturschutzes als einer sekundären Pflicht unterscheidet. Der Sinn dieser Unterscheidung sollte dann durch die Schüler belegt werden, indem sie ausgehend von selbst gewählten *Beispielen aus dem Bereich des Artenschutzes* nach unterschiedlichen Gründen für das Engagement von Artenschützern suchen.

S. 171

Anschließend werden im Lehrbuch drei verschiedene Modelle nichtanthropozentrischer Ethik vorgestellt. Die Übersicht (*S. 171*)

Begriffe klären

S. 171 ff.

Fragen zur Textinterpretation

sollte genutzt werden, um die *Begriffe* pathozentrischer, biozentrischer und holistischer Ansatz einführend zu *klären*.

Dann sollten die Textauszüge von Singer, Tribe und Devall (*S. 171 ff.*) gelesen werden, um die Schüler detaillierter mit der Argumentationsweise, die für die jeweiligen Modelle typisch ist, vertraut zu machen. Die Schüler orientieren sich in ihrer *Textinterpretation* an folgenden *Fragen*:

- Gegen welche andere Auffassung in Hinblick auf die Natur wenden sich die Autoren?
- Warum ist aus Sicht der Autoren die Natur um ihrer selbst willen schützenswert, welcher Begriff wird jeweils ins Zentrum der Argumentation gestellt?
- Welche praktischen Konsequenzen für die Änderung menschlicher Verhaltensweisen gegenüber der Natur werden daraus abgeleitet?

3.3.4 Möglichkeiten und Grenzen von ökologischer Ethik

S. 174 f.

Einwände prüfen

zusammenfassende Diskussion

Diskussionsanreiz

Recherchieren

Pro/Contra-Argumente

Stärken-Schwächen-Analyse

AB Modelle ökologischer Ethik

Der erste Teil des Unterabschnitts (*S. 174 f.*) enthält, aus der Sicht der anthropozentrischen Ethik formulierte, typische Einwände gegen das Konzept ökologischer Ethik. Die Schüler sollen die Stichhaltigkeit dieser *Einwände prüfen*. Dazu führen sie in der Lerngruppe ein *argumentatives Streitgespräch* durch.

Der Abschnitt sollte mit einer *zusammenfassenden Diskussion* über die Leistungsfähigkeit und die Grenzen der hier vorgestellten Ansätze bei der Begründung der (manchmal recht unpopulären) Maßnahmen des Artenschutzes beendet werden. Dazu sollte ein *Diskussionsanreiz* gesetzt und an den Fall des „Problembären Bruno" erinnert werden. Die Schüler *recherchieren den Fall* aus dem Jahre 2006 zunächst im Internet. Dann wird die Klasse *in vier Gruppen eingeteilt*. Jede Gruppe entwickelt auf der Basis eines ihr zugeteilten Ansatzes (unter Einschluss des anthropozentrischen Ansatzes) *Pro/Contra-Argumente* bezogen auf den Abschuss des Braunbären und verteidigt diese im Klassenforum.

Resümierend erhalten alle Schüler die Aufgabe, eine *Stärken-Schwächen-Analyse* bezogen auf die hier vorgestellten Ansätze ökologischer Ethik vorzunehmen. Dafür sollte das *AB Modelle ökologischer Ethik* genutzt werden.

Literaturauswahl

Brenner, Andreas: Ökologie-Ethik. Reclam, Leipzig 1996
Jonas, Hans: Das Prinzip Verantwortung. Versuch einer Ethik für die technologische Zivilisation. Suhrkamp, Frankfurt/M. 1984
Birnbacher, Dieter: Ökophilosophie, Reclam, Stuttgart 1997
Wolf, Ursula (Hrsg.): Texte zur Tierethik. Reclam, Stuttgart 2008

3.4 Recht und Gerechtigkeit

Ziele

Ungeachtet des fortdauernden Streits in Philosophie und Politik über Maßstäbe der Gerechtigkeit ist die Bedeutung des Ideals der Gerechtigkeit für die Gestaltung des sozialen Zusammenlebens der Menschen zu zeigen.

Im Sinne der Wertklärung sollen sich die Schüler eigener Gerechtigkeitsmaßstäbe, die sie der Beurteilung von persönlichen Erlebnissen und Ereignisses ihrer unmittelbaren Umwelt zugrunde legen, bewusst werden. Ausgehend von der Problematisierung dieses Vorverständnisses soll ein vertieftes Nachdenken über den Zusammenhang von Gerechtigkeit und Gleichheit/Ungleichheit in Gang gesetzt werden.

Die Schüler sollen die moderne Rechtsstaatsidee als Ausformulierung und Realisierung von Gerechtigkeitsvorstellungen begreifen. Zugleich soll aber ein Problembewusstsein über mögliche Diskrepanzen zwischen geltendem Recht und moralischen Gerechtigkeitsmaßstäben geschaffen werden.

Im Ergebnis der Diskussion über Gerechtigkeitsgrundsätze einer wohlgeordneten Gesellschaft soll die Überzeugung gestärkt werden, dass demokratische Gesellschaften nicht ohne moralische Grundlagen, ohne Bezug auf geteilte Gerechtigkeitsgrundsätze auskommen können.

Inhaltliche Schwerpunkte

Das Kapitel umfasst fünf Hauptschwerpunkte:
Einführend wird skizziert, worum es im Streit um die Gerechtigkeit geht: Als durchgängige Linien in der kontrovers geführten Gerechtigkeitsdebatte werden Fragen nach dem Zusammenhang von Gerechtigkeit und Rechten/Freiheiten sowie Gerechtigkeit und Gleichheit/Gleichbehandlung ausgewiesen.

Bei der Darstellung klassischer Positionen zur Gerechtigkeit, die bis heute die philosophische Debatte prägen, wird zunächst auf antike Vorstellungen eines gerechten Staates Bezug genommen. Platons Gerechtigkeitskriterium „Jeder soll das Seinige tun" wird erläutert und hinterfragt.

Darauf aufbauend wird dargestellt, wie die Gerechtigkeitsidee in der liberalen Staatskonzeption von Locke fortentwickelt wurde. Locke wird als Begründer der modernen Rechtsstaatsidee vorgestellt. Es wird aber auch auf Grenzen des Rechts bei der Herstellung von Gerechtigkeit verwiesen.

Weiterhin wird die Tragfähigkeit der modernen Idee der Chancengerechtigkeit untersucht. Ein Text von Peter Singer wird genutzt, um auf Grenzen der Idee der Chancengleichheit in Gerechtigkeitsperspektive aufmerksam zu machen. Gefragt wird, welche Möglichkeiten es gibt, echte Chancengleichheit herzustellen.

Schließlich wird die Theorie der Gerechtigkeit von Rawls herangezogen, um die Frage zu beantworten, auf welchen Gerechtigkeitsgrundsätzen eine wohlgeordnete demokratische Gesellschaft beruhen sollte. Abschließend wird in Weiterführung der Gedanken von Rawls das Für und Wider der neu in die Gerechtigkeitsdebatte eingebrachten Idee eines bedingungslosen Grundeinkommens diskutiert.

Einstiegsvorschläge

Der Abschnitt 3.4.1 ist zu großen Teilen als Einstiegsabschnitt konzipiert. Hier werden verschiedene Einstiegsmöglichkeiten in das Thema Recht und Gerechtigkeit offeriert, die entweder einzeln oder kombiniert genutzt werden können.

S. 176
problemorientierter Einstieg

Der Text von Enzensberger (*S. 176*) liefert genügend Reibungspunkten für eine kontroverse Debatte und ist daher für einen *problemorientierten Einstieg* geeignet. Folgenden *Fragen* könnten zum Einstieg in die Diskussion *an die Tafel geschrieben* werden:

- Treffen die von Enzensberger aufgeführten Beispiele von Ungerechtigkeit überhaupt das Problem, um das es geht, nämlich (mehr) Gerechtigkeit im sozialen Zusammenleben der Menschen zu schaffen?
- Ist der Wunsch nach Gerechtigkeit bloßer Traum geblieben oder hat er zu historischen Resultaten geführt? Wenn ja, zu welchen?
- Warum können sich falsche Propheten diesen Traum von Gerechtigkeit zunutze machen? Nennen Sie dazu Beispiele aus der Geschichte.

S. 176

Je nachdem, wie weit ein vertrauensvolles Verhältnis in der Gruppe ausgeprägt ist, ist aber auch ein persönlicher Einstieg, der direkt negative Erfahrungen der Schüler einbezieht, möglich. Hier wäre der Ausgangspunkt die These aus dem Lehrbuch (*S. 176*), dass jeder von uns einen Durst nach Gerechtigkeit hat, sich über Ungerechtigkeiten empört und dabei täglich Gerechtigkeitsurteile fällt. Die Schüler werden darum gebeten, zu *berichten*, wann und wo sie in ihrem Leben in besonderem Maße ungerecht behandelt wurden und wie sie sich dabei fühlten. Diese *persönlichen Erlebnisse* können dann den Ausgangspunkt bilden, um über unterschiedliche Gerechtigkeitsmaßstäbe nachzudenken. Dazu kann die Auflistung von Gerechtigkeitsvorstellungen (*S. 176*) genutzt werden.

persönliche Erlebnisse berichten

S. 176

S. 177
Gespräch nachspielen

Einen an Schülererfahrungen anknüpfenden Einstieg liefert aber auch das Caféhausgespräch „Ungerechtigkeiten in der Schule?" (*S. 177*). Man könnte dieses *Gespräch* mit verteilten Rollen in der Klasse *nachspielen* lassen. Die Spieler der Rollen (Christoph, Brigitte, Alfred, Daniel) werden dann anschließend aufgefordert, ihre Rollen-Positionen mit eigenen Worten vor dem Publikum verteidigen.

Methodische – und Arbeitshinweise

3.4.1 Worum es im Streit um Gerechtigkeit geht

S. 176
Problemfrage

Die Auflistung unterschiedlicher Gerechtigkeitsvorstellungen (*S. 176*) könnte den Hintergrund für die *Problemfrage* bilden, ob es bei aller Strittigkeit von Gerechtigkeitsmaßstäben nicht doch durchgehende

S. 177 oben

Arbeitshypothese prüfen

AB Cluster „Recht und Gerechtigkeit“

AB Gerechtigkeit und Gleichheit

Auffassung in der Gruppe verteidigen

Gleichheitsbegriff hinterfragen

Linien in diesem Streit gibt. Dazu ließe sich die These aus dem Lehrbuch, *S. 177 oben*, als Arbeitshypothese nutzen, dass bei der Debatte um Gerechtigkeit zwei Fragen durchgängig eine Rolle spielen: Zum einen geht es um die Frage, inwieweit das Recht gerecht ist. Zum anderen spielt die Frage eine Rolle, inwiefern Gerechtigkeit auf die Annahme einer bestimmten Art von Gleichheit angewiesen ist.

Um die *Arbeitshypothese* zu *prüfen*, erhalten die Schüler die Aufgabe, die in den Puzzle-Teilen aufgeführten Gerechtigkeitsvorstellungen zu Rechtsgrundsätzen in Beziehung zu setzen. Aufgedeckte Verbindungslinien zwischen Recht und Gerechtigkeit sollten dann in Form eines Clusters festgehalten werden. Dazu kann dass *AB Cluster „Recht und Gerechtigkeit“* als Grundlage dienen.

Für die Erschließung des Verhältnisses von Gerechtigkeit und Gleichheit lässt sich das *AB Gerechtigkeit und Gleichheit* heranziehen. Die Schüler sollen hier in die leeren Spalten eintragen, bezogen auf welche aufgeführten Güter sie eher eine Gleichverteilung bzw. wo sie eher Ungleichverteilung für gerechtfertigt halten. Die zutreffende Behauptung wird mit einem Plus, die nicht zutreffende mit einem Minus gekennzeichnet. Bei nicht eindeutiger Antwort wird ein Plus/ Minus verwendet. Die Schüler *verteidigen ihre Auffassung* dann *in der Gruppe*.

In einem zweiten Schritt sollte der – bezüglich der verschiedenen Fälle verwendete – *Gleichheitsbegriff hinterfragt* werden. Als *Zwischenbilanz* der Diskussion könnte festgehalten werden, dass unter Gleichheit in den aufgeführten Fallbeispielen Unterschiedliches verstanden wird. Zum Beispiel meint Gleichheit hinsichtlich der Zensurenvergabe (als Gleichheit der Bewertungsmaßstäbe) etwas anderes als Gleichheit bezogen auf existentielle Grundgüter (als gleicher Anspruch auf diese für alle).

3.4.2 Die Vorstellung vom gerechten Staat

S. 178 f.

TE Platons Staat

Diskussion über aktuelle Bedeutung

Problemfrage

Die Textinterpretation zu Platons „Staat“ (*S. 178 f.*) sollte *historisch-biografisch eingebettet* werden. Die Schüler erhalten zunächst die Aufgabe, sich anhand philosophischer Lexika oder Internet-Quellen über Leben und Werk von Platon zu informieren.

Da der Text von Platon dennoch unter Umständen schwer zu verstehen sein wird, könnte ergänzend ein Sekundärtext von Ernst Cassirer (siehe den *TE Platons Staat*) herangezogen werden. Den Fragen des Arbeitsblattes zur Textdeutung sollte gefolgt werden.

Dem sollte sich eine *Diskussion über* die *aktuelle Bedeutung* der Gerechtigkeitsauffassung von Platon anschließen. Die Schüler erhalten die Aufgabe, zu recherchieren, welche Einträge zum Ausspruch „Jedem das Seine“ es im *Internet* gibt. Ein Recherche-Ergebnis dürfte sein, dass dieser Spruch auch als Inschrift im Lagertor des KZ Buchenwalds zu finden war. Dieser Befund könnte zum Ausgangspunkt einer *Problemfrage* gemacht werden: Ist Platon damit zum Vordenker nationalsozialistischer Herrschaft geworden? Hier sollte man aber nicht dem modischen Trend zur pauschalen Verdammung folgen, sondern sich um ein differenziertes Urteil bemühen. Aufmerksam gemacht werden könnte etwa auf den inhaltlichen Zusammenhang von Platons

Auffassung „Jeder soll das Seinige tun“ mit dem modernen Gerechtigkeitskonzept der Chancengerechtigkeit, in dem die Fähigsten die besten Positionen inne haben sollen (siehe dazu auch die näheren Ausführungen im Unterabschnitt 3.4.4).

3.4.3 Vom gerechten Staat zum Rechtsstaat

S. 180 ff.

Kernbegriffe herausarbeiten

Ausgehend vom Text John Lockes (*S. 180 ff.*) sollte dargestellt werden, dass die moderne Rechtsstaatsidee eine Ausformulierung bestimmter Gerechtigkeitsvorstellungen ist. Die Schüler *arbeiten* die *Kernbegriffe*, die für Lockes Gerechtigkeitskonzept charakteristisch sind, *heraus*: In einem Gruppengespräch könnten die folgenden sechs Kernelemente dieses Konzepts näher erläutert werden:

- Vertrag: Recht ist das Ergebnis einer Übereinkunft, das heißt, die Menschen müssen ihm freiwillig zustimmen können.
- Mehrheitswillen: Demokratisch erzielte Mehrheitsentscheidungen sind für alle bindend.
- Gesetze: Politische Herrschaft bedeutet Herrschaft nach feststehenden Gesetzen.
- Bürgerrechte: Gesetze fixieren unveräußerliche Rechte jedes Einzelnen wie das Recht auf Eigentum.
- Unparteilichkeit: Gesetze müssen von Richtern unparteiisch angewandt werden.
- Widerstandsrecht: Im Falle gesetzloser (tyrannischer) Herrschaft gibt es ein Recht auf Widerstand.

Methode der Negation

Um die Gerechtigkeitsideen, die sich hinter den jeweiligen Merkmalen des Rechtsstaatskonzepts verbergen, zu erschließen, kann zusätzlich die *Methode der Negation angewandt* werden. Die Schüler formulieren zu jedem der Merkmale eine mögliche Gegenposition und überprüfen diese unter Gerechtigkeitsgesichtspunkten. Zum Beispiel: Ist es gerecht, wenn das Recht nicht Ergebnis eines Vertrages ist, sondern mit Gewalt eingeführt wird? Warum schafft Gewalt kein Recht?

kritische Auseinandersetzung

Diskussionsanreiz

Der Erschließung von Kernbedeutungen der Lockeschen Gerechtigkeitsauffassung sollte sich jedoch eine *kritische Auseinandersetzung mit* diesem *Konzept* anschließen, insbesondere was die einseitige Fokussierung auf Eigentumsrechte betrifft. Als *Diskussionsanreiz* könnte die Frage dienen: Warum wurde Locke von Kritikern wie Marx vorgeworfen, dass seine Auffassung vom liberalen Rechtsstaat lediglich ein idealisierter Reflex der Interessen einer bestimmten Klasse, nämlich des Bürgertums, darstellt?

S. 183

Beispiele suchen

Brainstorming

Im zweiten Teil des Unterabschnitts (*S. 183*) wird auf die Möglichkeit ungerechten Rechts bzw. die Grenzen des Rechts bei der Schaffung von Gerechtigkeit aufmerksam gemacht. Die Schüler *suchen* nach weiteren *Beispielen* aus der jüngsten Vergangenheit, wo Gerichtsurteile in der Öffentlichkeit als ungerecht empfunden wurden. Davon ausgehend führen sie ein *Brainstorming* zu der Frage durch, welche Gründe es für ein partielles Auseinanderdriften von Recht und Gerechtigkeit geben kann. So betreffen die im Lehrbuch aufgeführten Beispiele etwa die Schwierigkeit, ohne Ansehen der Person zu urteilen und Gesetze tatsächlich unparteiisch anzuwenden.

AB Zwei strittige Rechtsfälle

Rollenspiel

Dilemmamethode

Auf einen anderen Hintergrund von „ungerechtes Recht", nämlich in der Sache liegenden Schwierigkeiten, wird im *AB Zwei strittige Rechtsfälle* aufmerksam gemacht. Bezogen auf den dort dargestellten ersten Rechtsfall („Der Fall Kimberly Mays") könnten die unterschiedlichen Positionen der Streitparteien (die 14-Jährige Kimberly Mays, der bisherige Vater Bob Mays, das klagende Ehepaar Twiggs, der Richter Dakan) in einem *Rollenspiel* vor Gericht nachgespielt werden. Die am Spiel beteiligten Schüler erhalten die Aufgabe, sich in die jeweilige Person, die sie verkörpern, hineinzuversetzen und aus deren Perspektive Argumente zu Verteidigung der „eigenen" Position darzulegen. Die übrigen Schüler sind als Geschworene eingesetzt. Sie sollen zu den vorgebrachten Argumenten begründet Stellung nehmen und anschließend ein Urteil fällen.

In Bezug auf den zweiten im Arbeitsblatt dargestellten Rechtsstreit („Der Fall Monika K.") könnte die *Dilemmamethode* zur Anwendung kommen. Die Schüler sollten dabei selbst in der Position des Richters agieren, der eine Entscheidung zu treffen hat. In der Gruppendiskussion sollte klar werden, dass diese Entscheidung in jedem Fall mit der Verletzung bestimmter Rechte einher geht (der Richter muss zwischen unterschiedlichen Rechtsgütern abwägen, wobei eigentlich beide von Wert sind und daher Beachtung verdienen).

3.4.4 Von der Gleichheit der Rechte zur Chancengerechtigkeit

problemorientierter Einstieg
ÜB Einkommensdifferenzen in der Bundesrepublik Deutschland
Streitgespräch

In diesem Abschnitt geht es um die Notwendigkeit der Fortentwicklung der Idee rechtlicher Gleichstellung zur Idee der Chancengerechtigkeit. Ein *problemorientierter Einstieg* in die Diskussion ließe sich finden, wenn man auf die Fakten aus der *ÜB Einkommensdifferenzen in der Bundesrepublik Deutschland* zurückgreift. Die Schüler führen ein *Streitgespräch* zu der Frage: „Inwieweit sind solche Einkommensunterschiede gerechtfertigt?" In der Antwort könnte auf in unserer Gesellschaft verbreitete Ideen der Leistungs- und Chancengerechtigkeit verwiesen werden.

Bildinterpretation S. 185

Hilfreich kann für die Erschließung der Idee der Chancengerechtigkeit zunächst eine *Bildinterpretation* zum Bild des Wettkampfs auf *S. 185* sein.

S. 185f.
Begriffsexplikation

Pro-/Contra-Argumentation

Für die weitere Klärung dieser Gerechtigkeitsidee wird der Text von Singer (*S. 185 f.*) herangezogen. Zunächst erhalten die Schüler die Aufgabe, eine *Begriffsexplikation* von „Chancengleichheit" vorzunehmen. Dann sollten Singers Gegenargumente gegen die Idee der Chancengleichheit auf ihre Gültigkeit überprüft werden. Daran aufbauend wird eine *Pro-/Contra-Argumentation* zur Idee der Chancengleichheit als Gerechtigkeitsmaßstab organisiert.

begriffliche Unterscheidung

Brainstorming

Im Ergebnis der Diskussion sollte eine *begriffliche Unterscheidung* zwischen formeller und „echter" Chancengleichheit *eingeführt* werden. Hieran anschließend wird die Frage aufgeworfen, durch welche sozialen Maßnahmen man eventuell „echte" Chancengleichheit herstellen kann? Die Schüler werden aufgefordert, im Rahmen eines *Brainstormings* selbst Vorschläge für mehr Chancengerechtigkeit zu entwickeln. Die Vorschläge werden vom moderierenden Lehrer unkommentiert an die Tafel geschrieben.

S. 184
Gedankenexperiment
Soll-Ist-Analyse
AB Bildungsgutschein für jeden Jugendlichen

Abschließend werden die Schüler ausgehend vom Lehrbuchtext „Was wäre wenn" (*S. 184*)) zu einem *Gedankenexperiment* aufgefordert: Was wäre, wenn jeder Jugendliche zu seinem 18. Lebensjahr einen Bildungsgutschein über 60.000 Euro erhalten würde, den er eigenverantwortlich einsetzen könnte? Was spricht für diese Idee, was dagegen? Die Ergebnisse der Diskussion könnten in einer *Soll-Ist-Analyse* zusammengefasst werden. Dafür kann dass *AB Bildungsgutschein für jeden Jugendlichen* genutzt werden.

3.4.5 Gerechtigkeitsgrundsätze einer demokratischen Gesellschaft

S. 186 ff.
Inhalt dieser Idee erschließen
Wiederholung
S. 33

Im Mittelpunkt der Diskussion in diesem abschließenden Unterabschnitt steht die Frage, inwiefern demokratische Gesellschaften auf bestimmte Gerechtigkeitsgrundsätze angewiesen sind. Dazu werden Textauszüge (*S. 186 ff.*) des amerikanischen Philosophen John Rawls gelesen und interpretiert.

Zunächst wird Rawls Vorstellung von einem „Urzustand" rekonstruiert. Die Schüler *erschließen den Inhalt dieser Idee* und versuchen zu ergründen, warum Rawls ein solches Gedankenexperiment für notwendig erachtet, welches Ziel er damit verfolgt. Dem sollte sich eine *Wiederholung* und Vertiefung von Erkenntnissen zur *Methode des Gedankenexperiments* aus dem Einführungsabschnitt (*S. 33*) anschließen, um die Frage zu klären, welche generelle Bedeutung dieses Verfahren im Rahmen der philosophischen Reflexion hat.

Gruppendiskussion
ÜB Prinzipien distributiver Gerechtigkeit nach Rawls

Dann werden die spezifischen Züge und *Hauptgedanken* der beiden von Rawls entwickelten Gerechtigkeitsgrundsätze in einer Gruppendiskussion *erschlossen*. Für die Zusammenfassung von Grundzügen der Rawlschen Gerechtigkeitstheorie kann die *ÜB Prinzipien distributiver Gerechtigkeit nach Rawls* genutzt werden.

In einem dritten Schritt sollte der *inhaltliche Zusammenhang* der beiden Gerechtigkeitsgrundsätze untersucht werden. Denkbar wäre als Aufgabenstellung: „Begründen Sie, warum bei eklatanten Verstößen gegen den zweiten Gerechtigkeitsgrundsatz, der die Verteilung der Ämter und Positionen sowie Einkommen und Vermögen auf die Mitglieder der Gesellschaft regelt, auch die Freiheitsrechte der Individuen in Gefahr sind!"

Pro-/Contra-Diskussion
Ergebnisse schriftlich festhalten
AB Die Idee eines bedingungslosen Grundeinkommens

Abschließend wird ein Konzept aufgegriffen, das hinsichtlich der Gleichheitsvorstellungen über Rawls Vorstellung distributiver Gerechtigkeit noch hinausgeht. Es handelt sich um die Idee eines bedingungslosen Grundeinkommens für alle. Hierzu bietet sich eine *Pro-/Contra-Diskussion* an. Die Lerngruppe *teilt* sich *in zwei Untergruppen* auf, wobei die eine Untergruppe die Aufgabe erhält, fünf bis zehn Argumente für die Einführung eines bedingungslosen Grundeinkommens für alle zu sammeln, während die andere eine entsprechende Zahl von Gegenargumenten erarbeiten soll. Ein von der jeweiligen Untergruppe gewählter Sprecher stellt dann die erarbeiteten Argumente vor der gesamten Lerngruppe zur Diskussion. Im Anschluss sollte jede Schülerin/jeder Schüler für sich die *Ergebnisse* der Diskussion *schriftlich festhalten*. Dazu ließe sich das *AB Die Idee eines bedingungslosen Grundeinkommens – Pro-/Contra-Argumentation nutzen.*

Literaturauswahl

Ritsert, Jürgen: Gerechtigkeit und Gleichheit. Westfälisches Dampfboot, Münster 1997
Honneth, Axel (Hrsg.): Kommunitarismus. Eine Debatte über die moralischen Grundlagen moderner Gesellschaft. Campus, Frankfurt/ New York 1998
Höffe, Otfried: Gerechtigkeit. Eine philosophische Einführung. Beck, München 2010
Walzer, Michael: Sphären der Gerechtigkeit. Ein Plädoyer für Pluralität und Gleichheit. Fischer, Frankfurt/M. 1998
Grünberg, Christine: Recht und Gerechtigkeit. Gymnasiale Oberstufe. Freiarbeit/Stationenlernen. Militzke, Leipzig 2003

4 Religiöse Hoffnung auf eine andere Welt

4.1 Aufgehobensein in einer anderen Dimension – das Göttliche in den Religionen

Ziele

In diesem Abschnitt geht es um Antworten auf Kants dritte Frage „Was darf ich hoffen?“, Antworten, die ins Feld der Religion führen.

In Vertiefung vorhandener Erkenntnisse über Wesen/Erscheinungsformen religiöser Welt- und Selbstdeutungen wird vor allem darüber nachgedacht, was für **Religion als transzendentes Bewusstsein** charakteristisch ist.

Da Religionen aber nur im Plural vorkommen, soll dieser Frage im Durchgang durch die verschiedenen Weltreligionen nachgegangen werden. Dabei soll auch auf übereinstimmende Muster in diesen Religionen aufmerksam gemacht werden. Ein übergreifendes Anliegen besteht darin, Vorbehalte gegen Religionen, die nicht der eigenen Herkunftskultur entstammen, abzubauen und zur Toleranz gegenüber Andersgläubigen zu erziehen.

Inhaltliche Schwerpunkte

Hauptfragen sind:

- Was macht eine Religion zur Religion, mittels welcher Indizien lassen sich religiöse Welt- und Selbstdeutungen identifizieren?
- Welche Vorstellungen von einer transzendenten Macht und welche spezifischen Hoffnungen auf eine jenseitige Welt, in der die Menschen Erlösung von den Beschwernissen des irdischen Lebens finden, werden in den verschiedenen Weltreligionen verkündet?
- Welche neuen religiösen Bewegungen befinden sich heute im Aufwind, die in Abkehr von traditionellen Religionen und Kirchen auf dem „Markt der Religionen“ um Seelen konkurrieren?

Einstiegsvorschläge

Eine Hauptschwierigkeit dieses Abschnitts könnte darin bestehen, dass die Schüler unter Umständen in der Schule schon vielfach mit dem Thema Religion in Berührung gekommen sind und daher ein gewisses (mehr oder weniger oberflächliches) Wissen über Religionen vorhanden ist. Das könnte Desinteresse, Überdruss und zum Teil sogar ausgeprägte Abwehrhaltungen zur Folge haben.

Es sollte deshalb zunächst in irgendeiner Form überprüft werden, welche Kenntnisse über Religionen bereits vorliegen. Dabei sollten die Schüler möglichst die Grenzen ihres bisherigen Wissens aufgezeigt bekommen. Das kann zum Beispiel in Form eines eher spielerischen Wissenstests, etwa einer Rätselaufgabe, geschehen (vgl. das *AB Rätsel Religion*).

AB Rätsel Religion

Schätzaufgabe

Internetrecherche

Um eventuelle Vorbehalte gegen das Thema abzubauen, sollte auch die fortdauernde Relevanz des religiösen Bewusstseins in der heutigen „aufgeklärten Welt" gezeigt werden. Dazu könnte etwa die *Aufgabe* gestellt werden: *Schätzen* Sie mal, a) wie viel Prozent der Weltbevölkerung als religiös gelten, b) welche Religion auf der Welt am meisten verbreitet ist und c) wie viel Prozent der Bevölkerung sich in der Bundesrepublik zu einer Religion bekennen. Vermutlich wird die geschätzte Zahl für die Weltbevölkerung zu gering ausfallen. Zwar sind entsprechende Zahlenangaben mit Vorsicht zu genießen, aber in religionswissenschaftlichen Untersuchungen ist übereinstimmend von über 90 % die Rede. Man könnte die Schüler *im Internet recherchieren* lassen, um genauere Zahlen über die *Verbreitung* der Religionen in der Welt und in Deutschland herauszufinden.

Für den Einstieg könnten aber auch die Überlegungen des Abschnitts 4.1.1 (siehe unten) herangezogen werden, in dem es um die Frage geht, wie man Religion überhaupt identifizieren kann.

Methodische – und Arbeitshinweise

4.1.1 Was macht eine Religion zur Religion?

S. 193 ff.

Eine Schwierigkeit statistischer Erhebungen über den Verbreitungsgrad religiösen Bewusstseins besteht darin, dass man im Rahmen der empirischen Untersuchung mit Bestimmungen arbeiten muss, die man eigentlich nicht voraussetzen kann, nämlich, was eine Religion überhaupt zu einer Religion macht. Dieser Frage widmet sich der Einstiegsabschnitt. Der Zweck der hier angestellten Überlegungen (*S. 193 ff.*) besteht darin, das sehr komplexe Phänomen der Religion einzukreisen und einer begrifflichen Bestimmung zugänglich zu machen.

detektivische Spurensuche

Brainwriting

S. 193

Ergebnisse an Pinnwand

ÜB Spurensuche – Indizien für religiösen Glauben

Es sollten aber keine Definitionen von Religion vorausgesetzt, sondern die Schüler aktiv in den Erarbeitungsprozess einbezogen werden. Man könnte beispielsweise dazu auffordern, sich auf *detektivische Spurensuche* zu begeben, also nach Indizien zu suchen, die eine Identifizierung von religiösem Bewusstsein und Verhalten ermöglichen. Dabei könnte die Methode des *Brainwritings* zur Anwendung kommen. Die Schüler erhalten die Aufgaben, drei bis max. fünf *Fragen zu formulieren*, die sie für eine Identifikation von Religion unbedingt für notwendig erachten und diese auf einer Karteikarte festzuhalten. Bestimmte Anregungen dafür könnten sie den im Lehrbuch auf *S. 193* formulierten Einstiegsfragen entnehmen. Anschließend werden die *Ergebnisse* dieser Spurensuche *an* eine *Pinnwand geheftet*. In der Gruppe wird dann darüber diskutiert, welche der aufgeführten Fragen man für unverzichtbar hält, und welche man für entbehrlich oder sogar als irreführend ansieht. Eine Zusammenstellung solcher Fragen, die bei der Indiziensuche helfen könnten, findet sich in der *ÜB Spurensuche – Indizien für religiösen Glauben*.

4.1.2 Transzendenz, Hoffnung und Jenseitsvorstellungen in den Weltreligionen

S. 198 ff.

In diesem Abschnitt (*S. 198 ff.*) stehen die religiösen Vorstellungen von einer den Menschen transzendierenden Macht und damit verknüpfte Vorstellungen vom Jenseits, in dem der Mensch sein zukünftiges Heil findet, im Mittelpunkt der Betrachtung. Dabei wird in der Darstellung nach Weltreligionen (Judentum, Christentum, Islam, Hinduismus, Buddhismus) differenziert.

Begriffsklärung von „Weltreligion"

Begonnen werden sollte mit einer kurzen *Begriffsklärung von „Weltreligion"*. Es sollte dabei deutlich werden, dass es bei der Bestimmung einer Religion als Weltreligion nicht allein auf die Zahl der Gläubigen ankommt, sondern auch andere Kriterien wie ein auf alle Menschen gleichermaßen bezogener Geltungsanspruch oder der tatsächliche Verbreitungsraum eine Rolle spielen.

TE Was man über Jesus wissen sollte

Für die Darstellung der spezifischen Züge der einzelnen Weltreligionen sollten im Wesentlichen die Texte und Aufgabenstellungen des Lehrbuches genutzt werden. Es gibt einen Ergänzungsvorschlag: Um die für die Gottesvorstellung des Christentums zentrale Jesus-Figur in den Blick zu nehmen, könnte der *TE Was man über Jesus wissen sollte* mit hinzugezogen werden.

zusammenfassende Darstellung
AB Weltreligionen im Überblick

Für die *zusammenfassende Darstellung* der Besonderheiten der behandelten Weltreligionen kann das *AB Weltreligionen im Überblick* herangezogen werden. Die Schüler erhalten die Aufgabe, die fehlenden Angaben zum Hinduismus und Buddhismus soweit wie möglich zu ergänzen sowie die unterste Spalte „Jenseitsvorstellungen" neu auszufüllen.

S. 210 f.

Verbindungslinien aufdecken

Im letzten Teil des Abschnitts (*S. 210 f.*) geht es um Formen „neuer Religiosität" wie „New Age". Es sollte die Relevanz solcher unkonventionellen religiösen Denkformen für die moderne Zeit verdeutlicht werden. Die Schüler könnten zum Beispiel die Aufgabe erhalten, die *Verbindungslinien* zwischen der New-Age-Bewegung und verschiedenen Ansätzen des Umweltschutzes (insbesondere dem tiefenökologischen Ansatz – siehe S. 173 f.) *aufzudecken*. Dabei sollte aber eine kritische Distanz eingehalten werden. So könnte darauf aufmerksam gemacht werden, dass solche religiösen Moden, besonders wenn sie durch Medienkampagnen entfacht wurden, häufig einem schnellen Verfall unterliegen. Die Schüler *tauschen sich darüber aus*, welche mystisch-spirituellen Strömungen ihrer Meinung nach im Moment „angesagt" sind (im Jahre 2010, zum Zeitpunkt der Entstehung dieses Buches, war das zum Beispiel die auf die Serie „Twilight" zurückgehende Vampirbewegung).

Literaturauswahl

Bowker, John: Religionen der Welt. Die großen Glaubensrichtungen entdecken und verstehen. Coventgarden 2010
Clement, Catherine: Theos Reise. dtv, München 2000
Gellmann, Marc / Hartmann, Thomas: Wie buchstabiert man Gott? Carlsen, Hamburg 1997
Biewald, Roland/Dumortier, Brigitte: Atlas der Religionen und Begleitheft. Militzke, Leipzig 2004
Halbfas, Hubertus: Der Glaube. Patmos, Ostfildern 2010
Schulze, Markus: Eine Reise durch die Zeit. Pagane Religiosität. Militzke, Leipzig 2010

Ders.: Eine Reise durch die Zeit. Christliches Mittelalter. Militzke, Leipzig 2011
Haupt, Mandy/Schulze, Markus: Religiöse Sondergemeinschaften. Militzke, Leipzig 2011
Glasenapp von, Helmut: Die fünf Weltreligionen Brahmanismus, Buddhismus, Chinesischer Universismus, Christentum, Islam. Diederichs, München 1991

4.2 Fundamentalismus und Fanatismus in Religionen und Politik

Ziele

In diesem Abschnitt soll die Ambivalenz von religiösem Glauben, die in ihm liegende Möglichkeit der „Entartung" hin zu einer fundamentalistischen Heilslehre, die andere Weltdeutungen strikt ausschließt und bekämpft, deutlich werden. Dabei soll die Aufmerksamkeit aber nicht nur auf den islamischen Fundamentalismus gelenkt werden, sondern auch fundamentalistischen Tendenzen in der westlichen, durch das Christentum und Judentum geprägten Kultur, nachgegangen werden.

Die Schüler sollen in die Lage versetzt werden, Erscheinungsformen des Fundamentalismus im gesellschaftlichen Alltag zu identifizieren. Zudem sollen Ursachen des Fundamentalismus ergründet werden. Es wird ein Nachdenken darüber angeregt, ob der Fundamentalismus aus der Religion notwendig erwächst oder ob er im Gegenteil für Religionen selbst eine Gefahr darstellt.

Inhaltliche Schwerpunkte

Es stehen folgende Fragen im Mittelpunkt:

- Was ist unter Fundamentalismus zu verstehen? Ist er mit Religion notwendig verknüpft?
- Durch welche innerreligiösen Merkmale wird religiöser Fundamentalismus begünstigt?
- Inwiefern ist Fundamentalismus mit dem „Kampf der Kulturen" in unserer Zeit verbunden?
- Hat der Fundamentalismus unter Umständen auch eine konstruktive, kulturelle Fehlentwicklungen in der modernen westlichen Welt anprangernde, Funktion?

Einstiegsvorschläge

Für den Einstieg können die im Abschnitt 4.2.1 angestellten methodischen Überlegungen und Arbeitshinweise genutzt werden.

Methodische – und Arbeitshinweise

4.2.1 Was versteht man unter Fundamentalismus und Fanatismus?

S. 212 f.

Wie im einführenden Autorentext (*S. 212 f.*) erwähnt, wird religiöser Fundamentalismus in den Medien häufig allein mit dem islamischen Terrorismus in Verbindung gebracht.

Entstehungskontext des Begriffs recherchieren

Hier sollte gegengelenkt werden: Die Schüler *recherchieren* zum *Entstehungskontext des Begriffs* „Fundamentalismus" und nehmen Erscheinungsformen nichtislamischen Fundamentalismus in unserer Gesellschaft in den Blick. Dazu kann das *AB Religiöser Fundamentalismus* mit

AB Religiöser Fundamentalismus

herangezogen werden. Die Schüler rekonstruieren anhand der hier verkündeten „vier Wahrheiten" generelle Merkmale des religiösen Fundamentalismus. Dabei kann die *Ausdeutung der Metapher* von der

Ausdeutung der Metapher

Religion als „Fundament" als heuristisches Hilfsmittel genutzt werden:

- Fundament – heiliger Text: Eine heilige Schrift als Offenbarung Gottes bildet wörtlich die unfehlbare Richtlinie allen Glaubens und allen irdischen Handelns.
- Fundament – Wissen: Die religiösen Glaubensüberzeugungen sind die Grundlage aller menschlichen Bildung, aller Wissensformen: Die Ergebnisse der Wissenschaft sind nichtig, sofern sie religiösen Überzeugungen widersprechen.
- Fundament – persönliches Heil: Es gibt nur einen wahren Glauben und nur einen richtigen Weg zum persönlichen Heil. Abweichungen davon sind nicht zu tolerieren und daher mit allen Mitteln zu unterbinden.
- Fundament – Staat/Recht: Die Religion ist die Basis der Staats- und Rechtsordnung. Die Trennung von Staat und Kirche ist als Fehlentwicklung zu überwinden. Die irdische Rechtsordnung muss sich an einem höheren göttlichen Recht orientieren.

Projektarbeit

Im Anschluss an diese Rekonstruktion wird eine *Projektarbeit* vorgeschlagen, um die Fruchtbarkeit der herausgearbeiteten Merkmale zu überprüfen. Die Schüler begeben sich auf Spurensuche. Sie nutzen die vier Merkmale des Fundamentalismus als Indizien, um *im Internet* zu

Internetrecherche

recherchieren, ob und in welcher Form hierzulande religiöser Fundamentalismus zu finden ist. Die Ergebnisse halten sie auf dem Arbeitsblatt fest.

4.2.2 Quellen von Fundamentalismus, Fanatismus und Gewalt in den Religionen

S. 215 f.

Im Lehrbuchtext (*S. 215 f.*) wird sehr differenziert auf mögliche Quellen von Fundamentalismus in den Religionen aufmerksam gemacht.

Kernaussagen erschließen

Die Schüler *erschließen* zunächst die *Kernaussagen* des Textes.

Anschließend wird darüber nachgedacht, was religiöse Toleranz bedeuten kann und inwiefern sie einen Ausweg aus der in Religionen angelegten Möglichkeit, in fundamentalistische Bewegungen abzugleiten, darstellt. Dazu sollte das *AB Was bedeutet religiöse Toleranz?* genutzt werden.

AB Was bedeutet religiöse Toleranz?

4.2.3 Fundamentalismus als Ausdruck eines „Kampfes der Kulturen"?

S. 217 ff.
Pro-/Contra-Debatte
TE Religion als Haltegriff

Die umstrittene Huntington-These über kulturelle Quellen für fundamentalistische Bewegungen (*S. 217 ff.*) sollte zum Gegenstand einer *Pro-/Contra-Debatte* gemacht werden. Für die Contra-Position kann ergänzend zu den Ausführungen im Lehrbuch, S. 219 f. auch der *TE Religion als Haltegriff* von Catherine Clement herangezogen werden, in dem statt auf kulturelle auf soziale Wurzeln für den Fundamentalismus aufmerksam gemacht wird.

4.2.4 Ist der Fundamentalismus nur zu kritisieren?

S. 220 f.
Merkmale gegenüberstellen
3.1 wiederholen

Im Lehrbuchabschnitt wird abschließend auf *S. 220 f.* die Auffassung von E. Martens zitiert, der den Fundamentalismus als politische Praxis (Fundamentalismus I) zwar ablehnt, ihn als Bewegung zur Erneuerung gültiger moralischer Werte (Fundamentalismus II) aber rehabilitieren möchte. Die Schüler *stellen Merkmale* des Fundamentalismus I und II *in* einer *Tabelle gegenüber*. Martens' Position könnte zusätzlich dadurch gestützt werden, dass Erkenntnisse aus dem Abschnitt *3.1* über den Verlust gültiger Werte und verbindlicher normativer Orientierungen in der westlichen Welt von heute *wiederholt* werden.

Literaturauswahl

Alkier, Stefan/Deuser, Hermann/Linde, Gesche (Hrsg.): Religiöser Fundamentalismus. Analysen und Kritiken. A. Francke, Tübingen 2005
Martens, Ekkehard (Hrsg.): Fundamentalismus. Zeitschrift für Didaktik der Philosophie und Ethik. Heft 1/96. Hannover 1996

4.3 Kritik der Religion

Ziele

Philosophie, verstanden als Reflexionswissenschaft par excellence, nimmt immer auch die anderen Formen von Weltdeutungen, in Sonderheit die Religion, reflexiv-kritisch in den Blick. Das Ziel dieses Abschnitts besteht darin, in verschiedene Formen der Religionskritik einzuführen.

Dabei soll deutlich werden, dass Religionskritik mit Mitteln der Vernunft niemals nur als Abwehr der Religion zu verstehen ist, sondern immer auch den Versuch darstellt, über ihre Wurzeln rational aufzuklären.

Inhaltliche Schwerpunkte

Einem umfassenden Begriff von Religionskritik folgend wird einerseits der Kritik der Religion aus innerreligiöser Perspektive nachgegangen. Religiöse Zweifel sind hier Anlass, Gottes Existenz mit Mitteln der Vernunft zu begründen (Gottesbeweise) oder die Existenz Gottes mit der Existenz des Bösen in der Welt in Einklang zu bringen (Theodizee).

Zum anderen geht es um eine Kritik der Religion aus der Außenperspektive einer auf Vernunft setzenden Philosophie, die sich einem aufklärerischen Duktus verschrieben hat. Diese Kritik zielt auf die Aufdeckung der Quellen der Religion. Vier typische Formen solcher Religionskritik werden untersucht:

- Menschen brauchen die Gottesvorstellung nicht (Holbach),
- Gott ist die Projektion menschlicher Wesenskräfte (Feuerbach),
- die Religion ist das verkehrte Bewusstsein einer verkehrten Welt (Marx),
- die Religion ist eine Art von psychischer Verwirrung (Freud).

Einstiegsvorschläge

Wiederholung S. 26 ff.

Begriff von Kritik bestimmen

Brainstorming

Zunächst sollten hier noch einmal Grundgedanken eines bis heute verbreiteten, von Kant stammenden Philosophieverständnisses im Sinne von Aufklärung *wiederholt* werden (siehe bes. *S. 26 ff.*). Nach Kant müssen alle überkommenen Denkformen, auch die Religion, kritischer Überprüfung vor den Richterstuhl der Vernunft standhalten. Gemeinsam wird darüber *nachgedacht*, mit welchem *Begriff von Kritik* hier gearbeitet wird.

Dann sollten die Schüler in Form eines *Brainstormings* darüber Auskunft geben, was die Motive für eine Kritik an der Religion sein könnten, was Menschen heute an der Religion zweifeln oder verzweifeln lässt. Anhaltspunkte können etwa sein:

- Institutionelle Erstarrung: Die Kirche entfernt sich von den Gläubigen und den ursprünglichen in der Religionsgemeinschaft vertretenen Glaubensüberzeugungen.
- Affirmation: Die Religion wird für die Rechtfertigung ungerechter Herrschaft und grausamer Kriege missbraucht.
- Verwissenschaftlichung: Der Glaube an den göttlichen Schöpfungsakt und das Wirken transzendenter Mächte erodiert in dem Maße, wie in den Naturwissenschaften rationale Erklärungen für kosmische- und Lebensphänomene gefunden werden.
- Säkularisierung: Moderne Gesellschaften unterliegen einer Tendenz zur Verweltlichung. Religiös fundierte Werte verlieren als verbindlicher Orientierungsrahmen des sozialen und politischen Lebens an Bedeutung.
- Traditionalismus: Religionen halten dogmatisch an überholten, der heutigen Zeit nicht mehr angemessenen, moralischen Regeln fest (wie dem Verbot der Empfängnisverhütung oder des vorehelichen Geschlechtsverkehrs).
- Entartung: Religiöser Glaube kann in religiösen Fundamentalismus abgleiten und mit Fanatismus und Gewalt/Krieg gegen Andersgläubige verbunden sein.

Texte der Weltliteratur

Statt des problemorientierten Einstiegs ist aber auch möglich, eine Brücke zum Deutschunterricht zu schlagen und *Texte der Weltliteratur* als Diskussionsanregung zu nutzen. Eine sehr subtile Form der Religionskritik findet sich zum Beispiel bei Gottfried Keller in einer seiner Sieben Legenden unter dem Titel „Das Tanzlegendchen“. Dieser kleine Text ist über das Internet leicht beschaffbar. Es geht um die leidenschaftliche Tänzerin Musa, die wegen vager himmlischer Freuden auf sämtliche irdischen Genüsse verzichtete.

Methodische – und Arbeitshinweise

4.3.2 Einige Positionen zur Religionskritik

S. 226 ff.

In diesem Unterabschnitt werden auf *S. 226 ff.* im Wesentlichen vier Typen von Religionskritik vorgestellt.

S. 227 f.
TE Ludwig Feuerbachs Religionskritik. „Das Geheimnis der Theologie ist die Anthropologie"

Aus meiner Sicht ist der – für die philosophische Religionskritik bis heute zentrale – Ansatz von Ludwig Feuerbach sehr verkürzt dargestellt worden. So wird etwa Feuerbachs kritische Intention im abgedruckten Textfragment (*S. 227 f.*) kaum sichtbar. Daher sollte ergänzend der *TE Ludwig Feuerbachs Religionskritik. „Das Geheimnis der Theologie ist die Anthropologie"* nebst den dort dargestellten Aufgaben verwendet werden.

S. 230
Ansätze vergleichen

Laut den Arbeitshinweisen am Endes des Lehrbuchabschnitts (*S. 230*) sollen die Schüler die vier *Ansätze* hinsichtlich ihrer spezifischen Ziele und Argumentationsweisen *vergleichen*. Meines Erachtens sollte dabei die *Schlüsselfrage* sein, welche Quellen/Wurzeln für die Religion in den einzelnen Ansätzen in den Mittelpunkt gerückt werden. Resümierend erhalten die Schüler die Aufgabe, treffende Überschriften für die jeweilige Art der Erklärung/Kritik der Religion zu finden, etwa:

- funktionale Erklärung
- anthropologische Wurzeln
- soziale Wurzeln
- psychologische Wurzeln

4.3.3 Abschied von Religion durch Religion als Privatsache?

S. 231 f.

Abschließend (*S. 231 f.*) geht es um neue Formen privater Religiosität.

TE Individualismus ersetzt Tradition

Um Hintergründe dieser spirituellen Bewegungen aufzudecken, könnte der *TE Individualismus ersetzt Tradition* einbezogen werden.

eine Position erarbeiten

Zusammenfassung

Die Schüler denken darüber nach, warum dieser moderne Trend zur ganz individuellen, nach eigenen Bedürfnissen zusammen gebastelten Religion ohne Verpflichtung anderen gegenüber unter die Überschrift „Abschied von der Religion" gebracht wurde. Sie *erarbeiten sich eine Position* zu der Frage: Was unterscheidet diese privaten Formen von Religion von den etablierten Religionen wie etwa dem Christentum oder dem Islam? Diese Frage dürfte auch gut geeignet sein für die nochmalige *Zusammenfassung* von Wesensmerkmalen der Religion.

Literaturauswahl

Kant, Immanuel: Die Religion innerhalb der Grenzen der bloßen Vernunft. Hamburg, Meiner 2003
Marx, Karl; Engels, Friedrich: Die deutsche Ideologie. In: Marx, Karl; Engels, Friedrich, Werke Bd. 3. Dietz, Berlin 1973, S. 9 ff.
Schnädelbach, Herbert: Religion in der modernen Welt. Fischer, Frankfurt/M. 2009

5 Anthropologie: Der Mensch entwirft sich selbst

5.1 Der Mensch als Naturwesen

Ziele

In diesem Abschnitt werden die Schüler mit Grundzügen der Philosophischen Anthropologie vertraut gemacht, die sich nach Kant mit der Frage „Was ist der Mensch?“ beschäftigt. Es geht also um philosophische Deutungen des menschlichen Wesens, um eine Verständigung darüber, was in grundsätzlicher Perspektive charakteristisch für das Mensch-Sein ist.

Ein zentrales anthropologisches Thema, das im ersten Unterabschnitt aufgegriffen wird, bezieht sich auf den **Menschen als Naturwesen**. Es wird darüber nachgedacht, was den Menschen mit der übrigen Natur verbindet, aber auch, was für ihn als „animal rationale“ spezifisch ist und welche Verantwortung sich daraus für den Menschen ableiten lässt.

Inhaltliche Schwerpunkte

Im Unterabschnitt wird vor allem zu folgenden Fragen argumentiert:

- Was leistet die moderne Naturwissenschaft für ein tieferes Verständnis des Menschseins, wird durch sie eventuell ein einseitiges Bild vom Menschen gemalt?
- Wie lässt sich die Stellung des Menschen im Kosmos, zur übrigen Natur charakterisieren?
- Wie ist die menschliche Form des Lebens entstanden?
- Inwieweit ist unser Verhalten „tierisch“ bedingt, mit dem Verhalten von Tieren vergleichbar?
- Sind wir von Natur aus Egoisten oder hat uns die Natur altruistische Motive mitgegeben?
- Können wir unser Verhalten überhaupt bewusst und rational steuern?
- Hat der menschliche Geist selbst natürlich-materielle Grundlagen oder ist das menschliche Seelenvermögen auf dieser Basis nicht erklärbar?
- Inwieweit werden Menschen durch unbewusste bzw. vorbewusste Triebe gesteuert?
- Hat der Mensch als Naturwesen auch Verpflichtungen der übrigen Natur gegenüber?

Einstiegsvorschläge

Begriffsklärung

wiederholen S. 22

Zunächst sollte eine kurze *Begriffsklärung* von „Anthropologie“ (im Sinne der Wissenschaft vom Menschen) vorgenommen werden. Dabei kann auch noch einmal *wiederholend* auf Kants vier philosophische Fragen (siehe *S. 22*) eingegangen werden.

Merkmal auswählen

Dann erhalten die Schüler die Aufgabe, Vorschläge zu unterbreiten, was aus ihrer Sicht das entscheidende Merkmal des Menschen ist, was ihn im eigentlichen Sinne zum Menschen macht. Jeder Schüler *wählt ein Merkmal aus* und notiert dieses gut sichtbar auf einem Blatt Papier. Die Vorschläge sollten dann direkt *an* die *Pinnwand gehängt* werden. Möglich wären zum Beispiel folgende Bestimmungen: der Mensch ist ein zur Vernunft fähiges Wesen, ein Sprache verwendendes Wesen, ein Werkzeug produzierendes Wesen, ein arbeitendes, spielendes, ein die Natur beherrschendes Wesen, ein Technik produzierendes Wesen, er ist Schöpfer seiner selbst, ein religiöses Wesen, ein Kulturwesen, ein symbolproduzierendes Wesen, ein sich seiner selbst bewusstes Wesen ... Anschließend werden die *Ergebnisse* gesichtet und *auf Übereinstimmung und Unterschiede geprüft.*

Ergebnisse auf Übereinstimmung und Unterschiede prüfen

Ein erstes *Fazit* könnte sein, dass recht Unterschiedliches als zum Wesen des Menschen gehörend betrachtet werden kann, je nach dem, was man persönlich als besonders wertvoll am Menschen schätzt.

Dann sollte die Eingangsfrage des Abschnittes, ob die modernen Naturwissenschaften ein einseitiges Bild vom Menschen schaffen (*S. 237*), direkt aufgegriffen werden. Die Schüler sollten sich zunächst darüber *informieren*, welche *(Natur-) Wissenschaften* heute insbesondere zur Erweiterung des Wissens über den Menschen ihren Beitrag leisten.

S. 237
informieren

exemplarischer Fall

Am *exemplarischen Fall* des Kusses (zwischen Liebenden) sollten dann Möglichkeiten und Grenzen naturwissenschaftlicher Erklärung menschlichen Verhaltens aufgezeigt werden.

Einerseits sollte von den Schülern zusammengetragen werden, welche naturwissenschaftlichen (z. B. psychologischen, biochemischen, neurobiologischen, gehirnmedizinischen, immunbiologischen, ethologischen) Beschreibungen des Kusses es gibt, etwa: Kuss als Ausdruck von Sexualtrieben, Kuss als Austausch von Speichel mit dem Effekt der Stärkung des Immunsystems; Kuss als sinnliches Erlebnis ausgelöst durch die Vielzahl von Rezeptoren auf Lippen und Zunge; mit dem Kuss verbundene Ausschüttung von Glückshormonen im Limbischen System ....). Auch der Satz aus unserer Umgangssprache „Die Chemie zwischen den Partnern muss stimmen" könnte herangezogen werden, um auf die Bedeutung natürlicher Grundlagen für die Erklärung menschlicher Beziehungen aufmerksam zu machen.

Andererseits sollte darüber diskutiert werden, was in dieser naturwissenschaftlichen Sicht eventuell außerhalb der Betrachtung bleibt, etwa: a) der oben skizzierte Kuss (zwischen Menschen, die sich sexuell begehren) ist nur ein Spezialfall des menschlichen Kusses – ein Kuss erhält seine Bedeutung auch aus dem sozialen Kontext (freundschaftlicher Kuss, Kuss des Kreuzes als religiöse Handlung, Kuss als zeremonieller Akt während der Eheschließung); b) die Gewohnheit des Küssens zwischen Liebenden sowie die Art des Kusses ist zwar ein Ausdruck menschlicher Sexualität, aber sexuelle Verhaltensweisen sind kulturell extrem variabel – diese Variabilität wird durch Verweis auf biochemische Reaktionen im Gehirn nicht erklärt; c) ein Kuss ist als menschliche Handlung nicht isoliert zu betrachten – bevor sich Liebende küssen, gehen dem bestimmte Interessen (angefangen von bloßer Neugier bis hin zur Suche nach dem „Partner für Leben"), soziale Situationen (man muss überhaupt Gelegenheit haben, sich zu begegnen), andere Handlungen (man besucht die Disco, geht auf eine Feier etc.), und Wertvorstellungen (z.B. Geschlechterrollen, Schönheitsideale) voraus ....

Ein Resümee dieser exemplarischen Fallanalyse könnte sein: Im Kuss, wie in fast allen anderen menschlichen Verhaltensweisen, wirken immer Natürliches und Kulturell-Soziales zusammen.

Methodische – und Arbeitshinweise

5.1.1 Wo steht der Mensch?

In diesem Unterabschnitt geht es um die Stellung des Menschen im Kosmos, im Weltganzen.

S. 237 f.

Im Autorentext (*S. 237 f.*) wird allerdings aus meiner Sicht eine zu kurzschlüssige Gleichsetzung zwischen geozentrischem Weltbild und Anthropozentrismus einerseits sowie zwischen heliozentrischem Weltbild und Überwindung des Anthropozentrismus andererseits vorgenommen.

Es wird deshalb vorgeschlagen, für die Diskussion über die Stellung des Menschen in der Welt zusätzlich einen Text von Helmut Plessner, einem der bedeutendsten Vertreter der philosophischen Anthropologie des 20. Jahrhunderts, heranzuziehen. Plessner arbeitet eine Sonderstellung des Menschen im Bereich des Organischen heraus, ohne ihn unzulässig von der übrigen Natur abzuheben (siehe das *AB Der Stufenbau des Organischen und der Mensch*).

AB Der Stufenbau des Organischen und der Mensch

5.1.2 Woher kommt der Mensch?

S. 239 ff.

Die Texte des Unterabschnitts (*S. 239 ff.*) enthalten verschieden Positionen zu der Frage, woher der Mensch kommt.

Die Schüler sollten aber nicht nur die Hauptaussagen der Texte wiedergeben, sondern sich selbst *in* diesem *Meinungsstreit positionieren*. Das *AB Woher der Mensch kommt – eine Positionierung* listet eine Reihe möglicher Standpunkte in dieser Frage auf. Jeder Schüler kreuzt für sich den aus seiner Sicht richtigen Standpunkt, bezogen auf die aufgeworfenen Fragen zur Entstehung des Menschen, an. Es besteht aber auch die Möglichkeit, die Option „weiß nicht“ zu wählen, wenn man sich seiner eigenen Position nicht sicher ist. Die von den Schülern gewählten Antworten sollten zunächst nicht bewertet werden. Die Schüler erhalten aber die Möglichkeit, auf freiwilliger Grundlage ihre Antworten vor der Klasse darzustellen und zu begründen. Das sollte unter Bezugnahme auf Texte des Lehrbuches oder andere Texte, die sie selbst gelesen haben, geschehen.

im Meinungsstreit positionieren

AB Woher der Mensch kommt – eine Positionierung

5.1.3 Was bestimmt unser Fühlen und Handeln?

S. 241 f.

Im Autorentext und den Aufgaben (*S. 241 f.*) wird – sachlich nicht ganz korrekt – eine implizite Gleichsetzung von Soziobiologie und

Ethnologie vorgenommen (Soziobiologie ist ein Zweig der Biologie, der sich mit dem Sozialverhalten der Tiere unter Einschluss des Menschen beschäftigt – dafür wird manchmal auch, wenn es allgemein um biologische Verhaltensforschung geht, der Ausdruck Ethologie verwandt; hingegen ist Ethnologie eine vergleichende Kulturwissenschaft, die sich mit der Untersuchung von – zumeist frühen – Ordnungsformen menschlichen Zusammenlebens befasst). Die Schüler sollten zu den *Besonderheiten* der beiden *Wissenschaftsdisziplinen recherchieren* und dann dazu *Stellung nehmen*, was diese jeweils zur Erfassung des menschlichen Wesens beitragen können.

Besonderheiten recherchieren
Stellung nehmen

Die Texte des Lehrbuches zu einer möglichen „egoistischen Natur" des Menschen (*S. 242 f.*) sollten nicht unkommentiert bleiben, sondern *kontrastiert* werden *mit Texten*, die ergänzend dazu eine altruistische Veranlagung des Menschen unterstellen. Bei solchen Gegenbefunden kann man sich ebenfalls auf Erkenntnisse der modernen Biologie stützen. Es wird aber vorgeschlagen, an dieser Stelle einen philosophischen Text von Arthur Schopenhauer zu diskutieren (siehe das *AB Mitleid als Fundament der Moral*). Zwar geht auch Schopenhauer von einer egoistischen Triebnatur des Menschen aus, er stellt dieser zweifellos wirksamen Triebkraft aber eine andere Triebfeder im Menschen, das Mitleid, gegenüber. Nach Schopenhauer ist Mitleid ein natürliches Gefühl im Menschen, das uns, in Überwindung des Egoismus, für das Wohl anderer empfänglich macht.

S. 242 f.
mit Texten kontrastieren

AB Mitleid als Fundament der Moral

5.1.4 Was kann der Mensch? Was kann er nicht?

In diesem Abschnitt geht es vor allem um die Frage, inwieweit der Mensch, aufgefasst als mit Vernunft begabtes Wesen, sein Verhalten überhaupt bewusst und rational steuern kann. Die Schüler *stellen* zunächst *Vermutungen an*, wodurch die menschliche Disposition zu rationaler Selbststeuerung eingeschränkt werden könnte.

Vermutungen anstellen

Im Lehrbuch werden dann drei *einschränkende Bedingungen näher untersucht*.

Zunächst geht es um die Bedeutung unbewusster Antriebe für das menschliche Verhalten. Um die beiden Texte zu Freud (*S. 244*) besser verstehen zu können, sollten die Schüler zunächst *Nachschlagewerke heranziehen*, um sich grob über Grundkategorien und Leistungen der von Freud begründeten Psychoanalyse zu informieren. Dann interpretieren sie den Satz von Freud, dass die Aufklärung durch die Psychoanalyse eine „Kränkung der menschlichen Eigenliebe" erfährt. Die Schüler *legen mit eigenen Worten dar*, welches liebgewordene, idealisierte Selbstbild des Menschen durch die Ergebnisse der Psychoanalyse in Frage gestellt wird.

S. 244

Nachschlagewerke heranziehen

mit eigenen Worten darlegen

Als zweiter die rationale Selbststeuerung einschränkender Faktor wird der Einfluss der Situation herausgestellt. Da der Begriff der Situation aber recht vage ist, sollte zunächst anhand von *Beispielen aus unserem Alltag* verdeutlicht werden, welchen situativen Bedingungen unser Verhalten unterliegt.

Beispiele aus unserem Alltag

Ausgehend vom dargestellten *Fallbeispiel* des Milgram-Experiments (*S. 244 f.*) sollte in einer Gruppendiskussion herausgearbeitet werden,

Fallbeispiel
S. 244 f.

welche sozialen Antriebe, Erwartungen und Zwänge die Verhaltensweisen der Versuchspersonen unter Umständen beeinflusst haben. Dieser „soziologische" Erklärungsansatz könnte dann mit dem Gegenmodell zur Erklärung menschlichen Verhaltens *kontrastiert* werden, das im Text von Bierbrauer (*S. 245*) ebenfalls angesprochen wird, nämlich der Rückführung des Verhaltens auf angeborene Persönlichkeitsdispositionen. Die Schüler *wägen die Vor- und Nachteile* beider Erklärungen *gegeneinander ab*.

Kontrastierung
S. 245
Vor- und Nachteile abwägen

Im dritten Teil des Unterabschnitts (*S. 245 f.*) wird auf im menschlichen Wahrnehmungs- und Denkapparat angelegte Fehlerquellen aufmerksam gemacht. An dieser Stelle halte ich eine *Wiederholung* von Erkenntnissen aus dem Abschnitt *2.3.1.2* (bes. S. 69 f.) zu Quellen falschen Bewusstseins, die in der menschlichen Sprache liegen, für sinnvoll. Dabei kann das für den Abschnitt „Sprache und Manipulation" entwickelte *AB Bacons Idolenlehre* an dieser Stelle noch einmal mit hinzugezogen werden.

S. 245 f.
Wiederholung 2.3.1.2
AB Bacons Idolenlehre

5.1.5 Der Geist ein Naturprodukt?

Im Lehrbuch wird eine Diskussion zum Leib-Seele-Problem vorgeschlagen. Bevor auf die Quellentexte von Nagel und Beckermann (*S. 246 ff.*) eingegangen wird, sollten aber zunächst Kenntnisse *wiederholt* und vertieft werden, die im Zusammenhang mit der metaphysischen Frage nach dem Verhältnis von Körper und Geist (*S. 114 ff.*) bereits erarbeitet wurden. Im Übrigen waren dabei auch die Begriffe Dualismus und Monismus schon einmal eingeführt worden.

S. 246 ff. wiederholen
S. 114 ff.

Man könnte die Diskussion dann etwas bündeln, indem man eine *Pro-Contra-Diskussion* zur Frage initiiert: „Brauchen wir die Vorstellung einer besonderen (immateriellen) menschlichen Seele, um das Wesen des menschlichen Geistes zu verstehen?"

Pro-Contra-Diskussion

Im zweiten Teil des Lehrbuchunterabschnitts wird das – sehr komplexe – Problem der menschlichen Willensfreiheit angesprochen. Die Schüler sollen, so die Arbeitsaufgabe im Lehrbuch auf *S. 258 f.*, verschiedene hier aufgeführte *Argumentationsansätze* zum Problem der Willensfreiheit *in Projektgruppen diskutieren*. Meines Erachtens sollte vor Beginn der Projektarbeit aber der *orientierende Hinweis* gegeben werden, dass bei der Diskussion der Standpunkte darauf zu achten ist, worauf man sich bei der Begründung der jeweiligen Position vor allem stützt. Zusätzliche Hilfestellungen für die Einordnung der Standpunkte werden auch im *AB Standpunkte zur Willensfreiheit – Für und Wider* gegeben. Die Projektgruppen tragen in die freien Spalten des Arbeitsblattes die Ergebnisse ihrer Diskussion ein. Anschließend verteidigen sie ihre Ergebnisse im Klassenforum.

S. 258 f.
in Projektgruppen diskutieren
AB Standpunkte zur Willensfreiheit – Für und Wider

5.1.6 Ergeben sich aus der Natur moralische Pflichten?

Im ersten Teil des Unterabschnitts geht es um die Frage, ob sich aus der Betrachtung des Menschen als Naturwesen Verpflichtungen des Menschen zum Schutz der übrigen Natur ableiten lassen. Zu den

wiederholen 3.3.3

möglichen Begründungsansätzen zum Naturschutz kann *wiederholend* auf den Abschnitt *3.3.3* zur ökologischen Ethik eingegangen werden. Hier wurde die Unterscheidung zweier grundsätzlicher Begründungsansätze (anthropozentrisch – nichtanthropozentrisch) eingeführt. Außerdem wurden verschiedene Typen nichtanthropozentrischer Begründung (pathozentrische, biozentrische, holistische) vorgestellt. Diese begrifflichen Unterscheidungen sollten an dieser Stelle noch einmal aufgegriffen werden. Die Schüler erhalten die Aufgabe, die genannten *Begriffe anzuwenden*, um den dargestellten Birnbacher-Text (*S. 249*) einzuordnen und zu bewerten.

Begriffe anwenden
S. 249
S. 250 f.

Im zweiten Teil des Abschnittes (*S. 250 f.*) findet sich ein recht langer und von der Argumentationsstruktur her schwer nachvollziehbarer Text von Voland zum Normativen Biologismus.

Begriff klären
Kontrastierung mit Gegenkonzept

Einführend sollte der Begriff „normativer Biologismus“ kurz *geklärt* werden. Dabei ist eine *Kontrastierung mit* dem von Kant vertretenen *Gegenkonzept*, der den Bereich des Moralischen strikt von dem Reich der Natürlich-Biologischen trennt, sinnvoll.

Dann sollten die Schüler versuchen, die Hauptzüge der Argumentation von Konrad Lorenz, die von Vogel formulierte Gegenposition, und die Weiterentwicklung der Lorenz-Position durch Voland, nachzuvollziehen.

Kernthese kritisch kommentieren

Abschließend könnte die *Kernthese* von Voland, dass moralisches Sollen im Grunde genommen ein Wollen ist und Wollen seinerseits ein Ausdruck emotiver (natürlicher) Zustände des Subjekts ist, *kritisch kommentiert* werden. Ein solches Überdenken ließe sich durch die Frage anregen, was man eigentlich unter „Pflicht“ bzw. „Verantwortung“ versteht. Die Schüler legen dar, was Pflicht bedeutet, inwiefern sie uns manchmal veranlasst, auch entgegen bestimmten Neigungen/Emotionen das zu tun, was wir als moralisch richtig erkannt haben. Das könnte man *am Beispiel* des Helfens bezogen auf demenzkranke Menschen *zeigen*.

am Beispiel zeigen

S. 251 unten

Auf *S. 251 unten* finden sich mehrere Abschlussaufgaben.

Die Schüler wiederholen zunächst, was Freud mit Kränkungen der menschlichen Natur gemeint hat. Dann *stellen* sie in einer *Liste* Erkenntnisse der modernen Naturwissenschaft *zusammen*, die zu einer Veränderung des bisherigen menschlichen Selbstverständnisses geführt haben. Hierzu nutzen sie das *AB Ergebnisse der Naturwissenschaft als „Kränkung der menschlichen Natur“*.

AB Ergebnisse der Naturwissenschaft als „Kränkung der menschlichen Natur“

Literaturauswahl

Janich, Peter (Hrsg.): Naturalismus und Menschenbild, Meiner, Hamburg 2008
Pauen, Michael, Roth, Gerhard: Freiheit, Schuld, Verantwortung. Grundzüge einer naturalistischen Theorie der Willensfreiheit. Suhrkamp, Frankfurt/M. 2008
Rogal, Stefan: Freuds Psychoanalyse konkret. Militzke, Leipzig 2009

5.2 Der Mensch als Kulturwesen

Ziele

Das Anliegen des Abschnitts besteht darin, die Besonderheiten des Menschen als Kulturwesen herauszuarbeiten. Die Schüler sollen darüber nachdenken, was es bedeutet, dass der Mensch als Schöpfer seiner selbst fungiert, er erst durch kulturelle Überformung im eigentlichen Sinne zum Menschen wird. Durch dieses Nachdenken soll die individuelle Bereitschaft zur aktiven Aneignung menschlicher Kulturschätze gefestigt werden.

Inhaltliche Schwerpunkte

Um die kulturelle Dimension des Mensch-Seins zu erfassen, wird gefragt,

- worin die Sonderstellung des Menschen im Reich der Natur besteht,
- warum er zur Entfaltung seines Wesens auf Kultur angewiesen ist,
- was dabei überhaupt unter Kultur zu verstehen ist,
- wie sich das menschliche Verhalten im Prozess der Zivilisation verändert hat,
- wie die kulturelle Überformung die personale Identität beeinflusst,
- warum die Technik ein entscheidendes kulturelles Phänomen unserer Zeit ist und
- zu welchen Veränderungen des Menschenbildes es infolge der technologischen Revolution kommt.

Methodische – und Arbeitshinweise

5.2.1 Sonderstellung des Menschen?

S. 252 f.

In den ausgewählten Textfragmenten von Herder und Gehlen (*S. 252 f.*) wird vor allem die defizitäre biologische Ausstattung des Menschen (als „Mängelwesen") beschrieben. Die Schüler erfahren aber kaum etwas über diejenigen „produktiven" Eigenschaften des Menschen, durch die er sich aus der übrigen Natur heraushebt. Daher halte ich eine Ergänzung, eventuell in Form eines *Lehrervortrags*, für notwendig, um die Frage zu klären, was nach Auffassung beider Kulturphilosophen den Menschen als Kulturwesen auszeichnet (bei Herder geht es um die Bedeutung der Sprache, bei Gehlen sind es die das Handlung stabilisierenden, kulturstiftenden Institutionen, durch die der Mensch zum Menschen wird).

Lehrervortrag

Um diese Sonderstellung des Menschen näher in den Blick zu nehmen, sollte ein zusätzlicher Text von Cassirer zum Menschen als „animal symbolicum" einbezogen werden (siehe den *TE Ein Schlüssel zum Wesen des Menschen – das Symbol*).

TE Ein Schlüssel zum Wesen des Menschen – das Symbol

5.2.2 Der Mensch erschafft sich selbst

In diesem Abschnitt soll zunächst der Begriff der Kultur in seinen unterschiedlichen Facetten erarbeitet werden. Der Definitionsblock auf *S. 254 oben* enthält wesentliche Bestimmungsmerkmale von Kultur. Die Schüler sollen zunächst Hauptelemente von „Kultur" in einer *Mindmap* zusammenstellen. Im zweiten Schritt sollten die genannten Hauptelemente durch *Suche nach Gegenbegriffen* oder Unterbegriffen verständlich gemacht werden, etwa:

S. 254 oben

Mindmap

Suche nach Gegenbegriffen

- Kultur (allgemein): Bearbeitung der Natur – unberührte Natur
- Kultur (in abgeleitetem Sinne): Steigerung der menschlichen Fähigkeiten – Verwahrlosung/Verfall dieser Fähigkeiten
- Kultur(-Formen): Ordnungsformen des Zusammenlebens – Formen der Wirklichkeitsdeutung
- Kultur(-Perioden): moderne Kultur – vormoderne, antike, primitive Kultur etc.
- Kultur (im Plural): christliche – islamische Kultur, britische – indische Kultur etc.
- Kultur(-Bewertung): Kulturkritik, Kritik an Fehlentwicklungen – Kulturbejahung, Feiern der eigenen Kultur als die höchstentwickelte

Im zweiten Teil des Abschnitts geht es um die „Kultivierung", sprich Verfeinerung menschlicher Verhaltensweisen im Prozess der Zivilisation. Im ausgewählten Textfragment von Elias (*S. 255 f.*) werden zwar grundlegende Mechanismen und Hintergründe für einen Wandel der Verhaltensweisen analysiert, aber die tatsächlichen Veränderungen menschlichen Verhaltens selbst kaum beschrieben. Ergänzend könnten die Schüler deshalb die Aufgabe erhalten, zu *recherchieren*, wie sich zum Beispiel das *Verhältnis der Geschlechter* – ein wichtiger Indikator kulturellen Wandels – in den letzten beiden Jahrhunderten verändert hat. Oder sie erhalten die Aufgabe, die Veränderungen der Ess- und Tischsitten ab der frühen Neuzeit nachzuzeichnen. Dazu könnte ein Textauszug von Elias mit herangezogen werden (siehe das *AB Was ist „menschlich"? – Zur Änderung der Verhaltensweisen beim Essen*).

S. 255 f.

Verhältnis der Geschlechter recherchieren

AB Was ist „menschlich"? – Zur Änderung der Verhaltensweisen beim Essen

Diskussionsimpuls

Im Anschluss an diesen historischen Exkurs könnte ein Blick auf aktuelle, sich in der heutigen Zeit vollziehende Verhaltensänderungen geworfen werden. Als *Diskussionsimpuls* könnte die Frage dienen, was heutzutage als „In" bzw. „Out" gilt, wer eigentlich darüber entscheidet und inwiefern das für unser Verhalten von Bedeutung ist.

S. 254 ff.

Standpunktrede

Abschließend sollten die Schüler, angeregt durch die Texte von Kant, Ficino und Einstein (*S. 254 ff.*), eine *Standpunktrede* zu der Frage ausarbeiten, welche entscheidenden Dimensionen bzw. Merkmale aus ihrer Sicht die „Zivilisierung" (Perfektionierung) des Menschen hat (z.B.: Entfaltung der Rationalität, Entwicklung einer ethischen Kultur, Triebhemmung, Beherrschung der Natur etc.).

5.2.3 Der Mensch im Netzwerk der Technik

Argumentation erarbeiten

In diesem Abschnitt geht es um die Technik als wichtigem Bestandteil menschlicher Kultur. Am Anfang sollten die Schüler eine *Argumentation* zur Frage *erarbeiten*, warum Faustkeil wie ein Computer gleichermaßen kulturelle Phänomene, Bestandteile der menschlichen Kultur, sind. Dabei sollte in der Argumentation noch einmal *auf die Bestimmung* von Kultur im Lehrbuch (*S. 254*) *Bezug genommen* werden.

S. 254

Im – dann folgenden – Unterabschnitt „Fortschritt durch Technik?" (*S. 260 ff.*) sind eine ganze Reihe von Texten aufgenommen worden, die neben einem scheinbar technikgläubigen Standpunkt (Musil) auch technikkritische Positionen enthalten. Die Schüler erschließen die Hauptaussagen der Texte zunächst durch eine *Inhaltsanalyse*. Darauf aufbauend fassen sie die Hauptargumente, die für/ wider die Technikentwicklung als menschlichen Fortschritt sprechen, in einer *Gewinn-Verlust-Rechnung* zusammen. Dabei sollten unterschiedliche Aspekte von „Fortschritt" (technischer, ökonomischer, sozialer, kultureller) unterschieden werden. Für die Diskussion und Ergebnissicherung kann das *AB Technischer und menschlicher Fortschritt* mit herangezogen werden.

S. 260 ff.

Inhaltsanalyse

Gewinn-Verlust-Rechnung

AB Technischer und menschlicher Fortschritt

In Anschluss daran könnte ein *Brainstorming* durchgeführt werden, um nach Fragen zu suchen, die als kritische Messlatte für die Entwicklung einer „humanen" Technik dienen könnten. Maßstäbe der Technikbewertung könnten etwa sein:

Brainstorming

- Wozu dient die Technik? (Dient sie tatsächlich dem Menschen oder anderen Zwecken, etwa der Gewinnmaximierung?)
- Wie beeinflusst die Technik das menschliche Zusammenleben? (Erleichtert oder erschwert sie die Kommunikation und den menschlichen Kontakt?)
- Welche Aufwendungen an Material und Energie sind für Herstellung/Betrieb der neuen Technik notwendig? (Ist die Technik ressourcenschonend oder eher ressourcenverschlingend?)
- Welche Spätfolgen sind bei Anwendung der neuen Technik zu erwarten? (Welche Risiken für den Menschen und die natürliche Umwelt könnten mit ihr verbunden sein?)
- Behält der Mensch trotz Technik das Heft des Handelns in der Hand? (Entmachtet die Technik den Menschen oder ist sie Mittel der Machtsteigerung?)

Zusätzlich sollte ein Text von Hans Jonas mit in die Diskussion eingezogen werden, der auf Veränderungen des Menschenbildes im technischen Zeitalter verweist (siehe das *AB Das Menschenbild im technischen Zeitalter – Sieg des homo faber*).

AB Das Menschenbild im technischen Zeitalter – Sieg des homo faber

Literaturauswahl

Cassirer, Ernst: Versuch über den Menschen. Einführung in eine Philosophie der Kultur. Meiner, Hamburg 1996

Gehlen, Arnold: Der Mensch. Seine Natur und seine Stellung in der Welt. Wiebaden, Aula1986

Jonas, Hans: Das Prinzip Verantwortung. Versuch einer Ethik für die technologische Zivilisation. Suhrkamp, Frankfurt am Main 1984

5.3 Der Mensch als Geschlechtswesen

Ziele

Das übergreifende Anliegen dieses Abschnitts besteht darin, das Ineinandergreifen von Kultur und Natur bei der Ausprägung geschlechtsspezifischer Verhaltensweisen nachzuweisen.

Inhaltliche Schwerpunkte

Im Mittelpunkt steht das Problem, was unter einem Geschlecht zu verstehen ist, wodurch Geschlechtsunterschiede bestimmt sind. Nachgedacht wird darüber, ob dieser Begriff heute noch für die Erklärung von Verhaltensunterschieden zwischen Menschen relevant ist. Gefragt wird im Einzelnen:

- Welche mythischen, religiösen oder wissenschaftliche Erklärungen für die Entstehung der Geschlechter lassen sich finden?
- Sind geschlechtsspezifische Verhaltensweisen genetisch-physiologisch bestimmt oder ein Produkt kultureller Prägung/sozialer Normierung?
- Inwiefern kommt es in der Gegenwart in westlichen Gesellschaften zu einer Verwischung der klassischen Geschlechterrollen? Welche Folgen hat das für das Verhältnis zwischen Frauen und Männern?

Einstiegsvorschläge

AB Männer- und Frauenbilder

Einführend sollten sich die Schüler über ihre eigenen Männer- und Frauenbilder klar werden. Dazu kann das *AB Männer- und Frauenbilder* genutzt werden.

Methodische – und Arbeitshinweise

S. 268 f.
AB Die traditionelle Vaterfigur

Zusätzlich kann für den Abschnitt „Die neuen Frauen und Männer" (*S. 268 f.*) ein Text von Eva Strittmatter herangezogen werden, der über Defizite alter Männerrollen Auskunft gibt (siehe das *AB Die traditionelle Vaterfigur*).

Ergebnisse resümieren

Um die *Ergebnisse* des Abschnitts zu *resümieren*, wird vorgeschlagen, abschließend die Frage zu diskutieren: Was kann alles damit gemeint sein, wenn umgangssprachlich von (männlichem/weiblichem) Geschlecht/geschlechtlich geredet wird? Welche unterschiedlichen Merkmale gehen in die Bestimmung des Begriffs Geschlecht ein? Dafür kann das *ÜB Dimensionen von „Geschlecht"* genutzt werden. Die Schüler *deuten* die im Schema aufgezeigten *Bestimmungselemente* und positionieren sich auf dieser Grundlage zu der Frage, ob das Geschlecht eher ein soziales Konstrukt oder ein natürliches Phänomen darstellt.

ÜB Dimensionen von „Geschlecht"
Bestimmungselemente deuten

Literaturauswahl

Böhnisch, Lothar; Lenz, Karl (Hg.): Familien. Eine interdisziplinäre Einführung. Juventa, Weinheim und München 1997
Eugenides, Jeffrey: Middlesex. Rowohlt, Reinbek 2004
Gender in Wissenschaft und Alltag. Hg: Koordinierungsstelle Gender Studies (KoGenS) in Zusammenarbeit mit der Evangelischen Hochschule für Soziale Arbeit Dresden (FH). O. V., Dresden 2001

5.4 Kann der Mensch frei sein?

Ziele

Die abschließend im Lehrbuch behandelte Freiheitsproblematik gehört zu den zentralen philosophischen Themen.

Im Abschnitt geht es darum, die unterschiedlichen Facetten des Freiheitsbegriffs im Sinne von Handlungsfreiheit, Willensfreiheit, individuellen Freiheitsrechten etc. bloßzulegen.

Zudem soll über Voraussetzungen und Bedingungen von Freiheit nachgedacht werden. Ziel ist es, dass die Schüler Freiheit als spezifische, nur dem Menschen eigene Lebensform begreifen. Dabei sollen aber auch landläufige Freiheitsauffassungen, die auf die Vorstellung eines bindungslosen, verpflichtungsfreien, nur seinen momentanen Lüsten folgenden Individuums hinauslaufen, in Frage gestellt werden. Deutlich zu machen ist, dass zur Wahrnehmung von menschlicher Freiheit komplementär Verantwortung gehört.

Inhaltliche Schwerpunkte

Die Darstellungen konzentrieren sich auf folgende Fragen:
- Was kann alles unter Freiheit verstanden werden, welche Freiheitsauffassungen lassen sich unterscheiden?
- Was ist kennzeichnend für die menschliche Willensfreiheit, abgehoben von der Handlungsfreiheit?
- Welche Einwände werden gegen das Konzept der Willensfreiheit erhoben, welche Grenzen weist die menschliche Willensfreiheit auf?
- Worin besteht der Zusammenhang von Freiheit und Verantwortung, warum ist Verantwortung als Zwillingsbegriff zu Freiheit anzusehen?

Einstiegsvorschläge

Synonyme, Antonyme suchen

Einführend sollte die Frage aufgeworfen werden, was mit dem großen, vielfach ge-(miss)brauchten Wort Freiheit eigentlich gemeint ist. Eine erste Annäherung wäre möglich, indem die Schüler nach *Synonymen* und *Antonymen* zum Ausdruck „Freiheit“ *suchen*. Diese Synonyme/Antonyme werden in einer *zweispaltigen Tabelle* an der Tafel notiert, etwa:
- **Antonyme**: Unfreiheit; Zwang; Gewalt; Unterdrückung; Unrecht; Diktatur; Eingesperrt-Sein; nicht das tun können, was man will;

sich nicht frei bewegen können; einer Anordnung/einem Befehl folgen; von anderen abhängig/gebunden sein; ...

- **Synonyme**: Ungebundenheit; Autonomie; Unabhängigkeit; Entscheidungsmöglichkeiten; Wahlmöglichkeiten; Selbstbestimmung; tun können, was man will; Rechte haben; Unbegrenztheit; ...

Diskussionsanreiz

Ein anderer Weg der Annäherung an das Problem der Freiheit könnte sein, als *Diskussionsanreiz* die These in den Raum zu stellen, dass sich Freiheit genau besehen immer wieder als bloßer Wunschtraum erweist. Wie soll Freiheit möglich sein, wo Menschen es doch täglich mit Erwartungen anderer Menschen und sozialen Anforderungen zu tun haben? Um diese *These zu illustrieren*, könnte ein alltagsnahes *Beispiel* gewählt werden, etwa: Den Schülern einer 11. Klasse wird angekündigt, dass in der übernächsten Woche eine größere Leistungskontrolle im Fach Philosophie/Ethik geschrieben wird. Inwiefern kann in diesem Falle überhaupt von Freiheit die Rede sein, wo Schüler doch bis zu einem gewissen Grade tun müssen, was man ihnen sagt? Was ist mit Freiheit gemeint und nicht gemeint?

These illustrieren
Beispiel

S. 271 f.

Für diese Einstiegsdiskussion kann der gut lesbare Text von Savater (*S. 271 f.*) zu Hektors heldenhaften Taten im Trojanischen Krieg als Unterstützung herangezogen werden. Ausgehend von diesem Text debattieren die Schüler zu der Frage, was das Handeln Hektors vom Verhalten der Termiten, die ja auch „heldenhaft" ihren Bau verteidigen, unterscheidet?

Übertragung des Beispiels auf die Schule

Handlungsalternativen herausarbeiten

In *Übertragung des Beispiels auf die Schule* könnte dann deutlich gemacht werden, dass auch das Verhalten der Schüler nicht vorprogrammiert ist, sondern sie angesichts einer ihnen vorgegebenen Situation (Ankündigung einer Leistungskontrolle) dennoch ganz unterschiedliche Wahlmöglichkeiten haben. Diese *Handlungsalternativen* sollten gemeinsam *herausgearbeitet* werden, z.B.:

1. Ich entscheide mich für das Lernen,
a) weil ich für das angestrebte Medizinstudium einen sehr guten Abschluss brauche,
b) weil mir meine Eltern für jede gute Note 10 Euro geben,
c) weil ich die vorwurfsvollen Blicke meiner Mutter nicht ertragen kann,
d) ...
2. Ich entscheide mich gegen das Lernen,
a) da ich bis jetzt immer irgendwie durchgekommen bin,
b) da mein Nachbar mir schon helfen wird,
c) weil mir jede Zensur egal ist („Null Bock"),
d) weil mich dieses Fach nicht interessiert,
e) ...
3. Ich wähle eine Ausweichstrategie,
a) ich diskutiere mit dem Lehrer, um eine Verschiebung des Tests zu erreichen,
b) ich lasse mich krankschreiben,
c) ...
4. Ich wähle eine Proteststrategie,
a) ich gebe ein leeres Blatt Papier ab,
b) ...

Methodische – und Arbeitshinweise

5.4.1 Was Freiheit meinen kann

S. 270 ff.

Systematisierung des Freiheitsproblems

In diesem Einführungsabschnitt (*S. 270 ff.*) werden anhand diverser Texte verschiedene Facetten des Freiheitsbegriffs debattiert. Um sich in der Diskussion nicht zu verlieren, sollte eine *Systematisierung* vorgenommen werden. *Vier Dimensionen des Freiheitsproblems* werden beim Durchgang durch die Texte sichtbar:

- (1) Freiheit als **Handlungsfreiheit**, als Fähigkeit, gemäß eigenen Zielen zu handeln: Eine offene Frage bezieht sich hier auf den Unterschied von Handlungs-, Willens- und Wunschfreiheit.
- (2) Freiheit als **Entscheidungsfreiheit**, als Freiheit der Wahl zwischen Alternativen: Ein Diskussionsproblem betrifft die biologischen, sozialen und kulturellen Determinanten menschlicher Willensbildung.
- (3) Freiheit als **Abstreifen alter Bindungen**, als Vermögen, frei von Abhängigkeiten das zu tun, was mir beliebt: Eine offene Frage ist hierbei, ob bei diesem Freiheitsverständnis die soziale und moralische Dimension des Mensch-Seins hinreichend berücksichtigt wird.
- (4) Freiheit im Sinne rechtlich verbürgter **Freiheitsrechte**, etwa des Rechts auf freie Meinungsäußerung: Als Problem erweist sich hierbei u. a., ob es Grenzen der Akzeptanz und Toleranz bezüglich der Meinungen anderer geben sollte.

Ebenen verdeutlichen

Die Besonderheiten dieser vier *Ebenen* des Freiheitsverständnisses könnten wieder *anhand* des *Beispiels* aus der Eingangsdiskussion zur Freiheit (der Ankündigung einer schulischen Leistungskontrolle – siehe oben) *verdeutlicht* werden. Freiheit meint in diesem Fall

- im Sinne von (1), dass ich zwar bestimmten Handlungsanforderungen (wie der Leistungskontrolle) ausgesetzt bin, es aber in meiner Macht steht, auf diese Anforderungen mit einer eigenen Handlungsstrategie zu reagieren;
- im Sinne von (2), dass ich mich aus bestimmten selbst gewählten Gründen für oder gegen das Lernen entscheiden kann;
- im Sinne von (3), dass ich mich bei meiner Entscheidung pro/contra Lernen nicht mehr von den Elternerwartungen, sondern von dem, was ich selbst für gut erachte, leiten lasse;
- im Sinne von (4), dass ich als Gymnasiast mein gesetzlich garantiertes Grundrecht auf schulische Bildung wahrnehme.

5.4.2 Willensfreiheit als Merkmal vernünftiger Wesen

S. 274 f.

Zunächst geht es in den Texten (*S. 274 f.*) um den Unterschied von Handlungs- und Willensfreiheit.

Handlungsfreiheit wird hier als freiwilliges Handeln, dessen Ursprung im Handelnden selbst liegt, bestimmt. Ein Interpretationsproblem betrifft dabei den – nur auf den ersten Blick klaren – Begriff der Freiwilligkeit.

Beispiele suchen

Die Schüler *suchen nach Beispielen*, wo die Klassifikation einer Handlung als freiwillig mit einem dicken Fragezeichen zu versehen wäre, etwa:

- ein Schüler, der nur widerwillig eine angekündigte Leistungskontrolle schreibt,
- eine Mutter im Supermarkt, die dem Drängen ihres schreienden (aber eigentlich viel zu dicken) Kindes nachgibt, das unbedingt einen Schokoladenweihnachtsmann haben will,
- eine Schülerin, die für die Klausur lernt, weil ihr bei guten Schulnoten von den Eltern ein neues Handy versprochen wurde,
- ein Ehemann, der außer sich vor Zorn seine Frau schlägt (sie hatte ihm zuvor angekündigt, dass sie sich von ihm trennen will),
- ein Junkie, der eine alte Frau zu Boden stößt und ihr die Handtasche entreißt, weil er dringend Geld für den nächsten Joint braucht.

Anhand dieser Beispiele soll deutlich gemacht werden, dass Freiwilligkeit ein graduelles Vermögen ist und nicht bedeutet, dass das Handeln von allen äußeren Umständen und inneren Trieben frei ist.

Begriff klären
S. 275

Dann sollte der philosophische *Begriff* der Willensfreiheit *geklärt* werden. Er wird im Text auf *S. 275* eingeführt als Vermögen, eine Handlung überlegt zu wählen oder auch nicht zu wählen. Eine Quintessenz dieses Begriffes liegt darin, dass es nicht Ausdruck von Willensfreiheit sein kann, wenn man sich für etwas Unvernünftiges entscheidet. Um den Begriffsinhalt zu verdeutlichen, könnte es dienlich sein, eine *Gegenüberstellung zu alltäglichen Verwendungsweisen* von Willensfreiheit im Sinne von „das tun, wozu man im Moment gerade Lust hat" vorzunehmen. Die Schüler konstruieren alltägliche Fälle, wo eine unüberlegte Entscheidung, die aus einer momentanen Laune heraus geschieht, in der Folge zur Einschränkung der Entscheidungsfreiheit des Einzelnen führt. Dazu kann auch der Text von Bieri (*S. 278*) mit herangezogen werden.

Gegenüberstellung zu alltäglichen Verwendungsweisen

S. 278

5.4.3 Hat der freie Willen Grenzen?

Hier geht es um die Problemfrage, ob nicht jegliche menschliche Willensentscheidung, die wir gewöhnlich als frei gewählt betrachten, letztlich doch durch tief sitzende Bedürfnisse oder gar genetische Prädispositionen vorherbestimmt ist. Angesprochen wird damit das bis heute kontrovers diskutierte Thema des Verhältnisses von menschlicher Freiheit und Determination des Verhaltens.

S. 281 f.
Diskussionsanreiz

Der im Lehrbuch (*S. 281 f.*) erwähnte Film „Der freie Wille" bietet dafür einen guten *Diskussionsanreiz*. Die Schüler *erzählen* die hier dargestellte *Geschichte* des Vergewaltigers Theo *nach* und positionieren sich anschließend zu der Frage, wie weit man angesichts von übermächtigen Trieben von Freiheit sprechen kann.

S. 279 f.

Angeknüpft werden könnte bei der Darstellung des Problems aber auch an die von Schopenhauer geäußerten prinzipiellen Bedenken gegen das Konzept der Willensfreiheit (siehe *S. 279 f.*). Nach Schopenhauer ist die Abhebung der freien Willensentscheidung von dem, was notwendig geschieht, in Frage zu stellen. Zwar tun Menschen das, was sie wollen, aber ihr Wille ist selbst durch ihre Lebensbedürfnisse bestimmt (determiniert). Für jede Wahl, jede Entscheidung lassen sich also Ursachen bzw. Motive finden.

Für die Rekonstruktion und Kritik deterministischer Auffassungen

S. 282 ff.
Begriff klären
AB Freiheit und Determination

sollte dann der Text von Nagel (*S. 282 ff.*) herangezogen werden. Zunächst wäre der *Begriff* „Determinismus" zu *klären*.

Zusätzlich kann das *AB Freiheit und Determination* herangezogen werden, um die Frage zu diskutieren, inwieweit unsere Zukunft von uns abhängig/unabhängig, sie determiniert/nicht determiniert ist.

determinierende Faktoren nennen

Dann werden die Schüler aufgefordert, verschiedene *determinierende Faktoren* zu *nennen*, die ihrer Meinung nach auf menschliche Entscheidungen und menschliches Verhalten Einfluss nehmen. Es könnten folgende Gruppen von Determinanten unterschieden werden:

- soziale Abhängigkeiten: Menschen beachten im Handeln Normen und Erwartungen, die im Rahmen von sozialen Gruppen gelten;
- natürliche Umwelt: das Handeln ist abhängig von natürlichen Bedingungen und Ressourcen;
- kulturelle Prägungen: die Ziele und Verhaltenseigenschaften der Menschen werden stark beeinflusst von der Kultur, in der sie leben;
- psychische Dispositionen: Menschen entscheiden sich auf der Grundlage tief sitzender, häufig schon in der frühkindlichen Sozialisation erworbener, psychischer Muster;
- genetische Veranlagungen: menschliche Fähigkeiten und Verhaltensweisen sind genetisch prädisponiert.

Kernaussagen erarbeiten

Nach Rekonstruktion des Determinismus-Ansatzes sollten die Schüler die *Kernaussagen* der Nagelschen Gegenargumentation *erarbeiten*.

Zwei Schlüsselbegriffe sind in dieser Argumentation von besonderer Bedeutung, der Begriff der offenen Möglichkeiten (im Gegensatz zu dem, was ohne Alternative in genau vorher bestimmter Weise geschieht) und der Begriff der Tat (im Gegensatz zu dem, was mit mir geschieht, was mir passiert).

S. 284 ff.

Gründe prüfen

In Anschluss daran (*S. 284 ff.*) werden Ergebnisse der modernen Hirnforschung zu biochemischen Vorgängen im Gehirn, die menschlichem Wollen zugrunde liegen, dargestellt. Die Schüler *prüfen* die *Gründe*, die Naturwissenschaftler wie Prinz gegen das philosophische Konzept der Willensfreiheit anführen.

Menschenbild herausarbeiten
S. 290 ff.

Abschließend wird der Frage nachgegangen, welchen Stellenwert die menschliche Willensfreiheit im Rahmen christlicher Positionen hat. Die Schüler erhalten die Aufgabe, das Gottesverständnis und das *Menschenbild*, das in den Luther-Texten (*S. 290 ff.*) sichtbar wird, *herauszuarbeiten*. Anschließend argumentieren sie zu der Frage, warum diese religiösen Glaubensgrundsätze mit der Lehre vom freien Willen unvereinbar sind.

5.4.4 Freiheit und Verantwortung

Den Abschluss des Freiheitsabschnitts bilden – leider etwas knapp gehaltene – Überlegungen zum Verhältnis von Freiheit und Verantwortung. Gerade hinsichtlich der Frage nach der Verantwortung des Einzelnen hätte man sich etwas mehr Struktur und vor allem mehr „Futter" (bezogen auf konkrete Verantwortungsfelder) gewünscht.

S. 292 ff.

Im Lehrbuch erfolgt der Einstieg in das Thema durch einen Sartre-Text (*S. 292 ff.*).

Leitfragen

Folgende *Leitfragen* könnten der Textinterpretation zugrunde gelegt werden:

- Was ist Sartre zufolge Kennzeichen menschlicher Existenz?
- Was bedeutet es, dass der Mensch das ist, was er aus sich macht?
- Wofür ist der einzelne Mensch nach Sartre verantwortlich, wie weit recht seine Verantwortung?
- Was bedeutet es, dass der Mensch dazu verurteilt ist, frei zu sein?

Im Text von Sartre bleibt der Verantwortungsbegriff allerdings selbst weitgehend ungeklärt. Es sollte deshalb im Anschluss an die Textinterpretation darüber nachgedacht werden, was Verantwortung/verantwortliches Handeln eigentlich meint. Dazu könnte eine *Kontextanalyse* bezogen auf *alltägliche Verwendungsweisen von „Verantwortung"* dienen. Die Schüler nennen Sätze der Umgangssprache, in denen das Wort Verantwortung vorkommt. Es dürften sich vier Bedeutungsebenen von „Verantwortung" herausschälen:

Kontextanalyse
alltägliche Verwendungsweisen von „Verantwortung"

- (1) Jemand (S) trägt die Verantwortung/handelt verantwortlich.
- (2) S trägt die Verantwortung für etwas (O).
- (3) S muss sich für O vor Jemandem (I) verantworten.
- (4) S rechtfertigt sich für O vor I mit Gründen (G).

Überschriften wählen

Die Schüler *wählen* treffende *Überschriften* für diese vier Ebenen (etwa: Verantwortungssubjekt, Verantwortungsgegenstand, Verantwortungsinstanz, Verantwortungsgründe). Zusätzlich könnten Fragewörter herangezogen werden, um den Sinn der jeweiligen Ebene zu erschließen (Wer? Wofür? Wem gegenüber? Warum?). Für die Zusammenfassung der Ergebnisse der Diskussion zum Verantwortungsbegriff kann dann die *ÜB Verantwortungsdimensionen* genutzt werden.

ÜB Verantwortungsdimensionen

S. 294

Der den Lehrbuchabschnitt (und das Lehrbuch insgesamt) abschließende Text von Savater (*S. 294*) lässt sich als Appell lesen, für seine Taten einzustehen, also die Verantwortung für das eigene Tun und die Folgen zu übernehmen. Die Schüler könnten nach *Beispielen* aus dem Alltag unserer Gesellschaft *suchen*, wo es zu einer Flucht aus der Verantwortung gekommen ist. Anschließend überlegen sie, warum solche Erscheinungen von Verantwortungsflucht, sofern sie normal werden, unter Umständen zur Gefährdung der Freiheit führen können.

Beispiele suchen

Es wird aber noch eine andere Akzentsetzung vorgeschlagen. Die Flucht aus der Verantwortung ist häufig mit einer Abwendung von der – als Beschränkung erlebten – Gesellschaft verknüpft. Freiheit erscheint in dieser Sicht nur möglich, wenn man sich von der Gesellschaft abwendet, in der man lebt. Dieses privativistische Verständnis von Freiheit sollte aber mit Gründen in Frage gestellt werden. Dazu kann als Diskussionsanregung der, ebenfalls von Fernando Savater stammende *TE Verantwortung in sozialen Beziehungen* genutzt werden.

TE Verantwortung in sozialen Beziehungen

Abschließend könnte eine *Pro-Contra-Debatte* zu der Frage organisiert werden, ob man nicht angesichts von Erscheinungen der Verantwortungsflucht in Ergänzung zu den Freiheitsrechten Verantwortungspflichten einführen sollte. Ein entsprechender Vorschlag wurde vom ehemaligen Bundeskanzler Helmut Schmidt unterbreitet (siehe den *TE Verantwortungsbewusstsein gegenüber Pflichten*).

Pro-Contra-Debatte

TE Verantwortungsbewusstsein gegenüber Pflichten

Literaturauswahl

Luutz, Wolfgang: Verantwortung – ethische Grundfragen und Diskussionsfelder. Lektüreheft für die Sekundarstufen I und II. Militzke, Leipzig 2010
Savator, Fernando: Die Fragen des Lebens. Campus, Frankfurt/M. 2007
Spaemann, Robert: Moralische Grundbegriffe. Beck, München 2004
Themenheft »Freiheit«. In: Ethik & Unterricht, Heft 2/1998.
Themenheft »Frei? Bestimmt!« In: Ethik & Unterricht, Heft 2/2005 (Schwerpunkt Hirnforschung).
Yalom, Irvin D.: Und Nietzsche weinte. btb, München 2008

Teil II: Unterrichtsmaterialien

Die Schwere des Denkens und des Gedankens

TE

Um Heideggers Denkweise zu verstehen, lohnt es sich, sich ein wenig mit seiner Herkunft zu befassen.

Q

Martin Heidegger wurde 1889 in Meßkirch geboren und hat fast sein ganzes Leben im Schwarzwald bzw. zu dessen Füßen verbracht. Er besaß eine Hütte oben, am Feldberg, dem, mit 1.493 Meter über dem Meeresspiegel aufragenden, höchsten Berg des Schwarzwaldes. Diese Hütte bildete für ihn eine Art Refugium. Sie war spartanisch ausgestattet, mit Holzbänken und einfachen Betten. Das Wasser zum Trinken und zum Waschen musste aus einem nahe gelegenen Brunnen geholt werden. Heidegger liebte diese einfache Hütte. Er saß oft auf einer Bank davor und verfolgte schweigend den Wolkenzug. Er meinte, dass ihm bei dieser Verrichtung allmählich die Gedanken reiften. Auch unterhielt er sich gern mit den Bauern der Nachbarschaft über deren Bauernwirtschaften.

Man sagt von Heidegger, dass er selbst immer bäurisch wirkte, allein schon durch seinen gedrungenen Körperbau, aber auch durch seine Kleidung und die Art seines Denkens, der alles Leichte, Schwebende fehlt, das schwer und bedächtig daherkam.

Heidegger blieb zeit seines Lebens ein Grübler, von dem stets ein Hauch Schwermut ausging und der für sein Philosophieren die Einsamkeit suchte.

Eine Anekdote erzählt, dass ein Wiener Philosophie-Professor einen Vortrag über Heidegger hielt, in welchem er dem Auditorium Grundzüge von Heideggers Philosophie darlegte. Nach dem Vortrag berichtet er den Kollegen voller Stolz, er habe offensichtlich sehr verständlich gesprochen, denn die ganze Zeit über habe ein Bäuerlein, das sich in den Raum verirrte und in der ersten Reihe seinen Ausführungen folgte, ihn verständnisvoll angeschaut und am Ende zustimmend applaudiert. Das „Bäuerlein" war Martin Heidegger höchstpersönlich gewesen.

(Nach: Wilhelm Weischedel: Die philosophische Hintertreppe. 34 große Philosophen in Alltag und Denken. Dtv, München 1993, S. 274 f.)

Skizzieren Sie individuelle Voraussetzungen für die philosophische Geisteshaltung, die in dieser biografischen Erzählung über Heidegger sichtbar werden.

A

TE

Kant oder die Pünktlichkeit des Denkens

Q

Es ist eine verbreitete Ansicht, zu einem rechten Professor gehöre ein professorales Gehabe. Man versteht darunter eine Art von gravitätischer und steifer Würde, versetzt mit einem Schuss Vergesslichkeit und Zerstreutheit, dazu noch eine ausgesprochene Weltferne, kurz: eine eigentümliche Pedanterie, die ebenso komisch wie rührend, ebenso verehrenswürdig wie belächelnswert erscheint. Fragt man dann nach einem Beispiel für solche professorale Pedanterie, so kann es nicht ausbleiben, dass der Name Immanuel Kants genannt wird.

In der Tat: Kant ist wenigstens in seinen späteren Jahren, ein Genie der Pedanterie und Pünktlichkeit. Einer seiner zeitgenössischen Biographen berichtet von den Besuchen bei seinem Freunde Green: „Kant ging jeden Nachmittag hin, fand Green in einem Lehnstuhl schlafen, setzte sich neben ihn, hing seinen Gedanken nach und schlief auch ein; dann kam Bankdirektor Ruffmann und tat ein Gleiches, bis endlich Motherby zu einer bestimmten Zeit ins Zimmer trat und die Gesellschaft weckte, die sich dann bis sieben Uhr mit den interessantesten Gesprächen unterhielt. Diese Gesellschaft ging so pünktlich um sieben Uhr auseinander, dass ich öfters die Bewohner der Straße sagen hörte: es könne noch nicht sieben sein, weil der Professor Kant noch nicht vorbeigegangen wäre."

Überhaupt ist der Tagesablauf des alten Kant streng eingeteilt. Ein Freund erzählt davon: „Kant stand jeden Tag im Sommer und im Winter des Morgens um fünf Uhr auf. Sein Bedienter war pünktlich um drei Viertel auf Fünf vor seinem Bette, weckte ihn und ging nicht eher fort, als bis sein Herr aufgestanden war [...]." In geregeltem Wechsel folgte sodann Arbeit in der Studierstube und Vorlesungstätigkeit; nachmittags wird ein längeres Mahl im Kreise von Freunden eingenommen. Selbst das Schlafengehen, pünktlich um 10 Uhr, ist zeremoniell geregelt. [...]

Wie der Tagesablauf, so muss auch seine Umwelt aufs genaueste geordnet sein. Wenn eine Schere oder ein Federmesser in ihrer gewohnten Richtung auch nur ein wenig verschoben sind, oder wenn gar ein Stuhl an eine andere Stelle im Zimmer gerückt ist, gerät er in Unruhe und Verzweiflung. [...] Zu der ängstlichen Sorge um Ruhe und zu der Pedanterie in der Zeiteinteilung tritt eine strenge Selbstdisziplin, der sich der alte Kant aus freien Stücken unterwirft, freilich nicht ohne ihre Notwendigkeit exakt zu begründen. Zum Frühstück leistet er sich nur zwei Tassen Tee und eine Pfeife Tabak; das Abendbrot streicht er gänzlich. Der Tee ist übrigens, wie ein Gewährsmann berichtet, „ein äußerst schwacher Abzug von wenigen Teeblümchen" [...]. Noch rigoroser ist Kant gegen sich selber, wenn es sich um Kaffee handelt. „Kant hatte eine so große Neigung zum Kaffee, dass es ihn die größte Überwindung kostete, ihn nicht zu trinken, besonders wenn ihn in Gesellschaften der Geruch dazu reizte; aber er hielt das Öl des Kaffees für schädlich und vermied ihn daher gänzlich." [...]

Man darf sich Kant freilich keineswegs als trockenen Kathederphilosophen vorstellen Zeitgenössische Berichte rühmen seine geistreiche Art. Herder schreibt: Kant „in seinen blühendsten Jahren hatte die fröhliche Munterkeit eines Jünglings, die, wie ich glaube, ihn auch in seinem greisesten Alter begleitet. [...] Er munterte auf und zwang angenehm zum Selbstdenken. Despotismus war seinem Gemüt fremde [...]."

(Wilhelm Weischedel: Die philosophische Hintertreppe. 34 große Philosophen im Alltag und Denken. Deutscher Taschenbuchverlag, München 1993, S. 177 ff.)

A

1. *Informieren Sie sich über Grundzüge der Philosophie Kants.*
2. *Welche Eigenschaften werden der Person Kant von seinen Biographen zugeschrieben?*
3. *Legen Sie dar, inwieweit die hier geschilderte Kantsche Lebensform mit seinem Lebenswerk, der Art seiner Philosophie, korrespondiert.*

Eine Auswahl philosophischer Fragen

(AB)

Ordnen Sie die in der Tabelle aufgeführten philosophischen Fragestellungen einer der vier Kantschen Hauptfragen zu. (A)

Philosophische Frage	Zuordnung
Was ist der Ursprung der Welt?	
Wie ist die Existenz Gottes beweisbar?	
Welche Möglichkeiten und Grenzen besitzt die menschliche Vernunft?	
Ist der Mensch im Wesentlichen ein geistiges, ein symbolverwendendes oder ein werkzeugproduzierendes Wesen?	
Was ist unter menschlichem Glück zu verstehen, wie ist es zu erreichen?	
Welches Kriterium lässt sich für die das rechte Tun von Menschen finden?	
Nach welchen Gerechtigkeitsgrundsätzen sollte die menschliche Gesellschaft organisiert werden?	
Was treibt den Menschen zum moralischen Handeln an?	
Besitzt das menschliche Denken regelmäßige Strukturen und wenn ja, wie lassen sich diese charakterisieren?	
Gibt es bei aller beobachtbarer Vielfalt in der Natur gemeinsame Grundbausteine?	
Wann liegt eine gerechte Verteilung von Gütern und Leistungen vor?	
Unterliegt die Evolution der Natur innewohnenden Gesetzen oder regiert hier allein der Zufall?	
Inwieweit ist der Mensch für sein Tun verantwortlich?	
Ist die Welt erkennbar?	
Gibt es Verpflichtungen des Menschen gegen sich selbst?	
Ist die Welt unendlich/unerschöpflich oder endlich/begrenzt?	
In welchem Verhältnis stehen sinnliche und rationale Erkenntnis?	
Was unterscheidet den Menschen vom Tier?	
Wie ist die Tatsache der Existenz des Bösen in der Welt mit Gottes Allmacht zu vereinbaren?	
Warum ist der Mensch zur Hilfe in der Not verpflichtet?	
Gibt es menschliche Willensfreiheit, was ist darunter zu verstehen?	
Ist das Klonen von Menschen moralisch verwerflich?	
Gibt es ein Leben nach dem Tod?	
Worin besteht und wie weit reicht menschliche Verantwortung?	
Was versteht man unter einem Staat, wie lässt sich staatliche Gewalt rechtfertigen?	
Hat die Natur dem Menschen eine eher egoistische oder eine eher altruistische Orientierung mitgegeben?	
Ist das Verhalten des Menschen seinen Genen geschuldet oder ist es durch seine soziale Umwelt determiniert?	
Wodurch ist ein gerechter Krieg gekennzeichnet?	
Besitzt jeder Mensch unveräußerliche, ihm innewohnende Rechte, wie lassen sich diese begründen?	
Warum sollte der Mensch andere Menschen nicht töten?	

AB

Philosophie der Aufklärung (die Positionen von Kant, Schiller und Böhme im Vergleich)

Vergleichsmaßstab	Kant	Schiller	Böhme
Was bedeutet Aufklärung?			
Worin liegen Gründe für die Unmündigkeit des Menschen?			
Wodurch werden die Menschen zum Selbstdenken angeregt?			
Wie wird die Aufklärung bewertet, welche Grenzen der Aufklärung werden gesehen?			

A *Vergleichen Sie die Positionen von Kant, Schiller und Böhme zur Aufklärung. Nutzen Sie dafür die Fragen der linken Spalte als Anhaltspunkte.*

Positionen zum Verhältnis von sinnlicher und rationaler Erkenntnis (AB)

	Locke	Kant	Hume
Leistungen/ Grenzen der Sinne bzw. der Erfahrung			
Leistungen/ Grenzen des Verstandes			
Quellen für gültiges Wissen			

1. *Wie bestimmen Locke, Kant und Hume jeweils das Verhältnis von sinnlicher und rationaler Erkenntnis? Nutzen Sie bei ihren Überlegungen die Fragen der linken Spalte als Anhaltspunkte.* (A)
2. *Notieren Sie die Ergebnisse ihrer Überlegungen in den entsprechenden Spalten.*

ÜB Erkenntnistheoretische Positionen zum Charakter des Wissens

Erkenntnistheoretische Grundposition	Charakter des Wissens
Naive „natürliche Einstellung“ von Jedermann	Wissen ist ein Reflex der Außenwelt, die jedem Menschen unproblematisch gegeben ist.
Solipsismus	Mein Bewusstsein ist das einzige, was wirklich ist, wovon ich wissen kann.
Skeptizismus	Wir haben Wissen in Form unserer psychischen Erlebnisse, aber die Frage, ob unsere Eindrücke uns über die Außenwelt Auskunft geben und ob es überhaupt eine solche Außenwelt gibt, können wir in keiner Weise entscheiden.
Verifikationismus	Bei unseren Vorstellungen handelt es sich dann um Wissen von der wirklichen Welt, wenn sie sich durch entsprechende Prüfverfahren, insbesondere durch die Beobachtung, bestätigen lassen.

Die Rolle der Praxis für das Erkennen – Marx' Feuerbach-Thesen

TE

Für Karl Marx (1818–1883) ist die Praxis die wichtigste Quelle der Erkenntnis und zugleich entscheidendes Wahrheitskriterium.

Thesen über Feuerbach

Q

1 Der Hauptmangel des bisherigen Materialismus (den Feuerbachschen mit eingerechnet) ist, dass der Gegenstand, die Wirklichkeit, Sinnlichkeit nur unter der Form des *Objekts oder der Anschauung* gefasst wird; nicht aber als *sinnlich menschliche Tätigkeit, Praxis*, nicht subjektiv. [...] Feuerbach will sinnliche – von den Gedankenobjekten wirklich unterschiedne Objekte: aber er fasst die menschliche Tätigkeit selbst nicht als *gegenständliche* Tätigkeit. [...] Er begreift daher nicht die Bedeutung der „revolutionären", der „praktisch-kritischen" Tätigkeit.

2 Die Frage, ob dem menschlichen Denken gegenständliche Wahrheit zukomme – ist keine Frage der Theorie, sondern eine *praktische* Frage. In der Praxis muss der Mensch die Wahrheit, i.e. Wirklichkeit und Macht, Diesseitigkeit seines Denkens beweisen. Der Streit über die Wirklichkeit oder Nichtwirklichkeit des Denkens – das von der Praxis isoliert ist – ist eine rein *scholastische* Frage.

[...]

11 Die Philosophen haben die Welt nur verschieden *interpretiert*, es kömmt darauf an, sie zu *verändern*.

(Karl Marx: Thesen über Feuerbach. In: Karl Marx; Friedrich Engels, Werke Bd. 3, Dietz Berlin 1973, S. 5 f.)

A

1. *Was versteht Marx unter Praxis?*

____

____

____

____

2. *Erläutern Sie, warum die Praxis aus der Sicht von Marx sowohl eine wichtige Quelle der Erkenntnis als auch das entscheidende Wahrheitskriterium ist?*

____

____

____

3. *Welche Aufgaben leitet Marx aus diesem Praxisverständnis für die Philosophie ab?*

____

____

____

TE

Was heißt „Wissenschaft treiben"?

Q

Wissenschaftliches respektive szientifisches Wissen ist nicht die überhaupt einzige Form von Wissen, und sie ist nicht exklusiv diejenige Form, in der allein alles Wesentliche über die Welt, über andere Personen und über uns selbst gesagt werden kann. Aber ganz offensichtlich nimmt das szientifische Wissen in der wissenschaftlich-technischen Welt eine zentrale Stellung ein. Doch was genau heißt „Wissenschaft treiben"?

Die Antwort auf diese Frage kann vergleichsweise kurz ausfallen, da gut Bekanntes angeführt werden kann. „Wissenschaft treiben" heißt zunächst: sich in Bezug auf Erklärungen nicht mit Erzählungen, Mythen oder Magie zufrieden zu geben. Es heißt sodann und ins Positive formuliert: weiter nachfragen und zwar vor allem (a) *Warum*-Fragen zu stellen, (b) *systematisch geordnete* Antworten suchen, (c) *methodisch geordnet vorgehen,* (d) *Aussagen durch Gründe und Evidenz in ihrer Geltung rechtfertigen* und (e) *die Würgegriffe von Ideologie und falscher Autoritätsgläubigkeit zurückzulassen.* Sind diese normativen Aspekte erfüllt, dann stellt das in einer gegebenen Epoche und Kulturzeit formulierte und akzeptierte *szientifische* Wissen bis auf weiteres eine der am besten gesicherten und wirkmächtigsten Formen von Wissen dar. Letzteres ist zumal dann der Fall, wenn die bereits betonte interne Verbindung zwischen dem *szientifischen* und dem *technologischen Wissen* mit in die Betrachtung einbezogen wird. Ohne die Einbeziehung des Zusammenwirkens dieser beiden Wissensformen kämen wir heute in vielen Forschungsbereichen nicht weiter. Erinnert sei als Beispiel an die zurzeit größte Forschungsmaschine der Welt, den neuen Teilchenbeschleuniger des Kernforschungszentrums CERN in Genf. Hier wird überdeutlich, dass wir in Bezug auf das Kleinste, die Elementarteilchen, als auch das Größte, das Universum, wohl nur dann zu weiteren Entdeckungen in der Lage sind, wenn wissenschaftliches und technologisches Wissen zusammenwirken. Wie stark die Stellung des Zusammenspiels dieser beiden Wissensformate heute ist, lässt sich auch im Blick auf unsere alltägliche Lebenswelt leicht verdeutlichen.

(Günter Abel: Die Transformation der Wissensordnungen und die Herausforderung der Philosophie. In: Allgemeine Zeitschrift für Philosophie.Heft 1/2009, S. 11.)

A

1. *Welche Merkmale wissenschaftlicher (szientifischer) Tätigkeit werden von Abel herausgearbeitet?*
2. *Vergleichen Sie diese Wissenschaftsauffassung mit der von Max Weber.*
3. *Erläutern Sie, welche engen Zusammenhänge Abel zwischen dem wissenschaftlichen und dem technologischen Wissen sieht und inwiefern das Zusammenspiel der beiden Wissensformen heute wesentlich unseren Alltag beeinflusst.*

Die Ordnung der Wissenschaften nach Kant und Windelband ÜB

Klassifikation der Wissenschaften nach Kant

- Kriterium 1: ob die Form der Erkenntnis oder Gegenstände untersucht werden
  Formale – materiale Wissenschaften

- Kriterium 2: nach Art des Objekts, das untersucht wird
  Physik (Gesetze der Natur) – Ethik (Gesetze der Freiheit menschlichen Handelns)

- Kriterium 3: nach der Rolle der Erfahrung für die Erkenntnisgewinnung
  Empirische Wissenschaften (Erfahrungswissen) – reine Philosophie (a priori-Wissen)

Klassifikation der Wissenschaften nach Windelband

- Kriterium 1: ob die allgemeinen Prinzipien vorausgesetzt werden oder selbst zum Gegenstand der Erkenntnis werden
  Einzelwissenschaften – Philosophie

- Kriterium 2: Nach Rolle der Erfahrung für die Erkenntnis
  Philosophie/Mathematik – Erfahrungswissenschaften

- Kriterium 3: Unterschiedliche Erkenntnisziele und -methoden im Rahmen der Erfahrungswissenschaften
  Nomothetische Wissenschaften (Ziel – allgemeine Gesetze) – idiographische Wissenschaften (Ziel – Untersuchung besonderer geschichtlicher Tatsachen)

TE

Hermeneutik

Q

Die Hermeneutik ist die Kunst der Auslegung, meist eines Textes, mit dem Ziel umfassenden und vertieften Verstehens dessen, was der Text sagt. Auch Kunstwerke und selbst der Aufbau der organischen Formen und ihrer Systematik lassen sich hermeneutisch untersuchen und können verstanden werden. In Betracht ziehen muss man dabei das (historische) Werden (einschließlich der Wurzeln und des zeitlichen Kontextes), das weitere sachliche Umfeld des untersuchten Gegenstandes und das eigene Verhältnis zum Gegenstand, das sich im Verlauf des hermeneutischen Verfahrens ändert. Ein einfaches Beispiel, um den hermeneutischen Vorgang nachvollziehbar zu machen. Gadamer zeigt, ausgehend vom Bedeutungswandel des Wortes „Erlebnis", wie sich das, was es meint, deuten lässt.

„Die Untersuchung des Auftretens des Wortes ‚Erlebnis' im deutschen Schrifttum führt zu dem überraschenden Resultat, dass es im Unterschied zu ‚Erleben' erst in den 70er Jahren des 19. Jahrhunderts üblich geworden ist. Im 18. Jahrhundert fehlt es noch ganz, aber auch Schiller und Goethe kennen es nicht."

„Erleben heißt zunächst ‚noch am Leben sein, wenn etwas geschieht'. Von da aus trägt das Wort ‚erleben' den Ton der Unmittelbarkeit, mit der etwas Wirkliches erfasst ist – im Gegensatz zu solchem, von dem man auch zu wissen meint, dem aber die Beglaubigung durch das eigene Erlebnis fehlt, sei es, dass es von anderen übernommen ist oder aus dem Hörensagen stammt, sei es, dass es erschlossen, gemutmaßt oder eingebildet ist. Das Erlebnis ist immer das Selbsterlebte. [...] etwas wird zum Erlebnis, sofern es nicht nur erlebt wurde, sondern sein Erlebtsein einen besonderen Nachdruck hatte, der ihm bleibende Bedeutung verleiht."

„Was Erlebnis genannt werden kann, konstituiert sich in der Erinnerung. Wir meinen damit den Bedeutungsgehalt, den eine Erfahrung für den, der das Erlebnis hatte, als einen bleibenden besitzt. [...] Andererseits aber liegt im Begriff des Erlebnisses doch auch der Gegensatz des Lebens zum Begriff. Das Erlebnis hat eine betonte Unmittelbarkeit, die sich allem Meinen seiner Bedeutung entzieht. Alles Erlebte ist Selbsterlebtes, und das macht seine Bedeutung mit aus, dass es der Einheit dieses Selbst angehört und somit einen unverwechselbaren und unersetzlichen Bezug auf das Ganze diesen einen Lebens enthält."

(Hans-Georg Gadamer: Wahrheit und Methode. Grundzüge einer philosophischen Hermeneutik. Mohr (Siebeck), Tübingen 1975, S. 56 f., 63)

A

1. *Welche Merkmale hat der Begriff „Erlebnis"? Was bedeutet er? Zählen Sie alle Punkte auf, die Gadamer nennt, und erläutern Sie diese mit Beispielen.*
2. *Was ist für Sie ein Erlebnis? Finden Sie darin die genannten Punkte wieder?*
3. *Heute wird viel von Erlebnissen gesprochen. Man möchte in der Freizeit und in den Ferien viel erleben. Ist z.B. das Betrachten eines Kinofilms oder einer TV-Spielshow ein Erlebnis? Oder ein Computerspiel? (Finden Sie auch hier den „Ton der Unmittelbarkeit", ist es immer „Selbsterlebtes", hat es „bleibende Bedeutung"?) Welche Erlebnisse (ver)stecken (sich) im Alltag?*
4. *Der Soziologe Gerhard Schulze spricht von unserer modernen Gesellschaft als einer Erlebnisgesellschaft (im Unterschied z.B. zur Arbeitsgesellschaft). Was könnte er damit gemeint haben? Welche Gründe gibt es für diese Kennzeichnung?*

(Nach Richard Breun: Philosophie und Orientierungswissen. In: Ethik & Unterricht, Heft 3/2000, S. 11 f.)

Formen der Sprache

ÜB

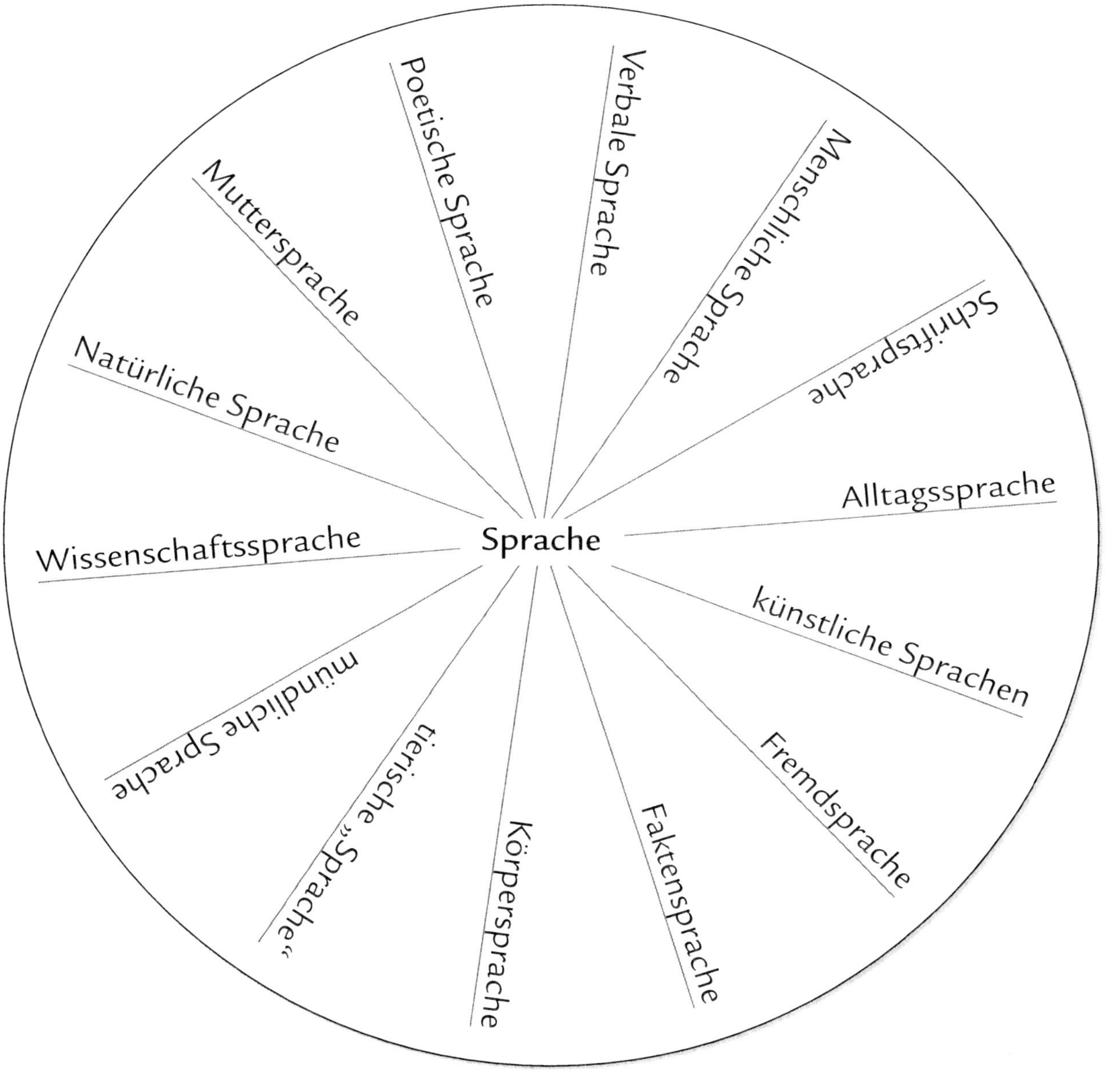

A

1. *Suchen Sie nach weiteren Erscheinungsformen der Sprache, die in diesem Kreisschema nicht zu finden sind.*
2. *Decken Sie mögliche Verknüpfungen zwischen den im Kreisschema unterschiedenen Erscheinungsformen von Sprache (etwa zwischen Alltagssprache und mündlicher Sprache) auf. Fertigen Sie dazu eine Mindmap an.*

TE

Die Natur des sprachlichen Zeichens

Q

Für manche Leute ist die Sprache im Grund eine Nomenklatur, d.h. eine Liste von Ausdrücken, die ebenso vielen Sachen entsprechen. Z. B.:

ARBOR

[...]

Diese Ansicht gibt in vieler Beziehung Anlass zur Kritik. Sie setzt fertige Vorstellungen voraus, die schon vor den Worten vorhanden sind [...]; sie sagt uns nicht, ob der Name lautlicher oder psychischer Natur ist, denn *arbor* kann sowohl unter dem einem als unter dem andern Gesichtspunkt betrachtet werden; endlich lässt sie die Annahme zu, dass die Verbindung, welche den Namen mit der Sache verknüpft, eine ganz einfache Operation sei, was nicht im entferntesten richtig ist. Dennoch kann diese einfache Betrachtungsweise uns der Wahrheit näher bringen, indem sie uns zeigt, dass die sprachliche Einheit etwas Doppelseitiges ist, das aus der Vereinigung zweier Bestandteile hervorgeht. [...]

Das sprachliche Zeichen vereinigt in sich nicht einen Namen und eine Sache, sondern eine Vorstellung und ein Lautbild. Dieses letztere ist nicht der tatsächliche Laut, der lediglich etwas Physisches ist, sondern der psychische Eindruck dieses Lautes, die Vergegenwärtigung desselben auf Grund unserer Empfindungswahrnehmungen; es ist sensorisch, und wenn wir es gelegentlich „materiell" nennen, so ist damit eben das Sensorische gemeint im Gegensatz zu dem anderen Glied der assoziativen Verbindung, der Vorstellung, die im allgemeinen mehr abstrakt ist. [...]

Das sprachliche Zeichen ist also etwas im Geist tatsächlich Vorhandenes, das zwei Seiten hat und durch folgende Figur dargestellt werden kann:

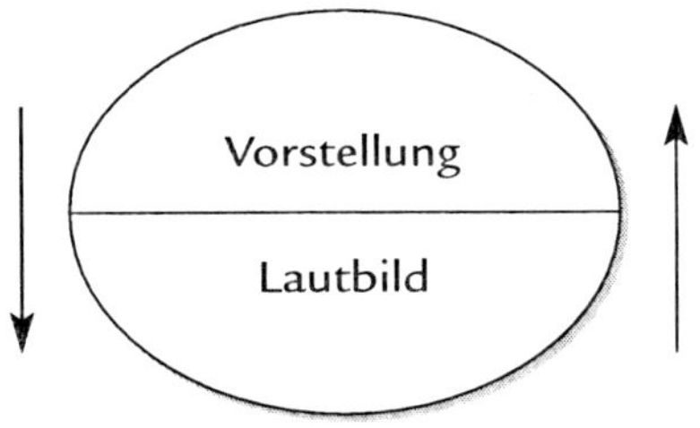

Diese beiden Bestandteile sind eng miteinander verbunden und entsprechen einander. Ob wir nun den Sinn des lat. Wortes *arbor* suchen oder das Wort, womit das Lateinische die Vorstellung „Baum" bezeichnet, so ist klar, dass uns nur die in dieser Sprache geltenden Zuordnungen als angemessen erscheinen, und wir schließen jede andere Zuordnung aus, auf die man sonst noch verfallen könnte. [...]

Mit dieser Definition wird eine wichtige terminologische Frage aufgeworfen. Ich nenne die Verbindung der Vorstellung mit dem Lautbild das Zeichen; dem üblichen Gebrauch nach aber bezeichnet dieser Terminus im allgemeinen das Lautbild allein, z.B. ein Wort (*arbor* usw.).

(Ferdinand de Saussure: Grundfragen der allgemeinen Sprachwissenschaft. Walter de Gruyter & Co, Berlin 1967, S. 76 ff.)

A

1. *Gegen welche anderen, zu einfachen Auffassungen des sprachlichen Zeichens wendet sich Ferdinand de Saussure?*
2. *Warum ist das sprachliche Zeichen aus seiner Sicht nichts rein Materielles?*
3. *Was versteht Saussure unter einem sprachlichen Zeichen, welche Elemente besitzt es?*

Sprachhandlungen

TE

Q

Im Gesamtzusammenhang von gesellschaftlichen Prozessen haben Sprachhandlungen vor allem diese Funktionen:

a) sie *ersetzen* materielle Handlungen, und zwar in verschiedener Hinsicht: z.B. kann ein Versprechen eine spätere materielle Handlung symbolisch vorwegnehmen, eine verbale Antwort kann an die Stelle des materiellen Aufzeigens treten, nur unter Schwierigkeiten durchführbare materielle Handlungen können an andere Personen delegiert werden;
b) sie *bereiten* zukünftige materielle Handlungen *vor*: z.B. können materielle Handlungen geplant, miteinander abgesprochen, die Aufgaben verteilt werden;
c) sie *klären* vergangene materielle Handlungen *auf*; z.B. können Personen befragt, Erklärungen abgegeben, Vorwürfe, Entschuldigungen und Rechtfertigungen gemacht werden;
d) sie *leiten* zu materiellen Handlungen *an*, vermitteln Lernprozesse: z.B. können Bedingungen für materielle Handlungen erläutert, Instruktionen gegeben, Erfahrungen und Wissen mitgeteilt werden;
e) sie *stellen* soziale Fakten *her*: z.B. können Personen in bestimmte Ämter berufen oder gewählt, über Personen Urteile (Zeugnisse, Gerichtsurteile) gefällt, organisierte Interaktionsprozesse eröffnet oder abgeschlossen werden. [...]

Entscheidendes Kriterium für die Abgrenzung eines Sprechaktes ist sein *gesellschaftlicher*, d.h. allgemeiner Zweck in Bezug auf Handlungskontexte [...].

Der Zweck von repräsentativen Sprechakten (Behauptungen) besteht darin, einen Wahrheitsanspruch zu erheben; diese Sprechakte sind deshalb die generellsten, undifferenziertesten, am universellsten verwendbaren. Der Zweck von Aufforderungen besteht darin, dass eine spätere Handlung (bzw. Nichthandlung) der Aufgeforderten erfolgt; der Zweck der Fragen besteht darin, dass eine Antwort erfolgt; der Zweck von Ratschlägen darin, dass ihr propositionaler Gehalt in praktischen Schlussprozessen der Adressaten berücksichtigt wird, usw. – Sprechhandlungen dieser Art sind initiativ und deshalb im allgemeinen auch geeignet, einen Redewechsel einzuleiten (obwohl dies nicht zwingend so ist und deshalb kein definitorisches Kriterium darstellt [...]). Andere Sprechakte haben den Zweck, soziale Fakten herzustellen (einschließlich verbaler, terminologischer oder definitorischer Regelungen), andere den Zweck, bestimmte offene Situationen abzuschließen. Schließlich gibt es eine große Zahl von Sprechakten zur Redeorganisation: Verteilung des Rederechts, Themenorganisation, Ablauforganisation.

(Dieter Wunderlich: Studien zur Sprechakttheorie. Suhrkamp, Frankfurt am Main 1976, S. 23 ff.)

A

1. *Interpretieren Sie die These der Sprechakttheorie, dass jede sprachliche Äußerung eine Handlung darstellt.*
2. *Erläutern Sie, welche grundlegenden Funktionen Sprachhandlungen nach Wunderlich im Kontext gesellschaftlicher Prozesse haben.*
3. *Welche Arten von Sprechakten werden von Wunderlich nach ihren je spezifischen Zwecken unterschieden?*

AB

Grundlagen der Verständigung nach Habermas (Test)

A *Lesen Sie den Text von Helferich (LB, S. 66 f.) gründlich durch. Entscheiden Sie dann, ob die folgenden Aussagen richtig oder falsch sind. Kreuzen Sie die Ihrer Meinung nach zutreffende Position an.*

	richtig	falsch
1. Verständigung wird von Habermas mit Argumentieren in enge Verbindung gebracht.		
2. Argumentieren steht für Habermas immer im Kontext von Macht und Herrschaft.		
3. In der Argumentation werden universelle Geltungsansprüche (Verständlichkeit, Wahrheit, Richtigkeit, Wahrhaftigkeit) erhoben.		
4. Der Wahrheitsanspruch, der in der Argumentation erhoben wird, bezieht sich auf die Aufrichtigkeit des Sprechers.		
5. Der Anspruch auf Richtigkeit bezieht sich auf verbindliche moralische Normen.		
6. Der Anspruch der Verständlichkeit bezieht sich auf die Klarheit und Eindeutigkeit des sprachlichen Ausdrucks.		
7. In der idealen Sprechsituation gelingt eine effektive Verständigung durch den Einsatz von Macht und Autorität.		
8. Die ideale Kommunikationsgemeinschaft ist dadurch gekennzeichnet, dass die Experten und Aufgeklärten sich untereinander verständigen.		
9. Ein Konsens liegt vor, wenn alle eine Äußerung stillschweigend hinnehmen.		
10. Strategische Sprachverwendung, in der die Sprache zur interessengelenkten Beeinflussung des Verhaltens anderer benutzt wird, ist der Urmodus sprachlicher Verständigung.		
11. Die Regeln der Verständigung haben keinerlei moralische Bedeutung.		
12. Eine moralische Norm ist dann allgemeingültig, wenn ihr alle Diskursteilnehmer zwanglos zustimmen können.		

Bacons Idolenlehre

TE

Q

39. Vier von solchen Idolen halten den menschlichen Geist gefangen. Ich habe sie der besseren Darstellung wegen mit Namen versehen: die erste Art soll als Idol des Stammes bezeichnet werden; die zweite als Idol der Höhle; die dritte als Idol des Marktes; die vierte als Idol des Theaters. [...]

41. Die Idole des Stammes sind in der menschlichen Natur selbst, im Stamme selbst oder in der Gattung des Menschen begründet. Es ist nämlich ein Irrtum zu behaupten, der menschliche Sinn sei das Maß der Dinge; ja, das Gegenteil ist der Fall; alle Wahrnehmungen der Sinne wie des Geistes geschehen nach dem Maß der Natur des Menschen, nicht nach dem des Universums. [...]

42. Die Idole der Höhle sind die Idole des einzelnen Menschen. Denn ein jeder hat (neben den Abirrungen der menschlichen Natur im allgemeinen) eine Höhle oder eine gewisse nur ihm eigene Grotte, welche das Licht der Natur bricht und verdirbt; teils infolge der eigenen und besonderen Natur eines jeden; teils infolge der Erziehung und des Verkehrs mit anderen; teils infolge der Bücher, die ein jeder mit Vorliebe liest [...].

43. Es gibt auch Idole des engen Beieinanderseins und der Gemeinschaft des menschlichen Geschlechts; diese nenne ich wegen des Verkehrs und der Gemeinschaft der Menschen Idole des Marktes. Die Menschen gesellen sich nämlich mittels der Sprache zueinander; aber die Worte werden den Dingen nach der Auffassung der Menge beigeordnet. Daher knebelt die schlechte und törichte Zuordnung der Worte den Geist auf merkwürdige Art und Weise. Auch die Definitionen oder Bezeichnungen, mit denen sich die Gelehrten in einigen Punkten zu schützen und zu verteidigen pflegen, bessern die Sachlage keineswegs. Sondern die Worte tun dem Verstand offensichtlich Gewalt an und verwirren alles. Sie verführen die Menschen zu leeren und zahllosen Streitigkeiten und Erdichtungen.

44. Es gibt endlich Idole, welche in den Geist der Menschen aus den verschiedenen dogmatischen Behauptungen philosophischer Lehrmeinungen eingedrungen sind; diese nenne ich die Idole des Theaters; denn so viele Philosophien angenommen oder erfunden worden sind, so viele Fabeln sind nach meiner Meinung damit geschaffen und für wahr unterstellt worden, welche die Welt als unwirklich und erdichtet haben erscheinen lassen. [...]

(Francis Bacon: Neues Organon. Teilband 1. Meiner, Hamburg 1990, S. 101 ff.)

A

1. *Erläutern Sie, worin im Kontext des Themas „Manipulation" die aktuelle Bedeutung von Bacons Idolen-Lehre besteht.*
2. *Legen Sie dar, worin sich nach Bacon die Idole der Gattung, der Höhle, des Marktes und des Theaters voneinander unterscheiden.*
3. *Inwiefern kann die Sprache aus Sicht von Bacon zu einer Quelle der Täuschung, der Verwirrung des Geistes werden? Suchen Sie dafür selbst nach Beispielen.*

AB

Verengungen im Sprachverständnis (Test)

A *Überlegen Sie, welche unzulässigen Einengungen des Sprachverständnisses mit den hier dargestellten Auffassungen zu Wesen und Funktion der Sprache verbunden sind. Tragen Sie die Ergebnisse Ihrer Überlegungen stichpunktartig in die rechte Spalte ein.*

Auffassungen zu Wesen/ Funktion der Sprache	Verengungen, die mit dieser Auffassung verbunden sind
Sprache als gesprochenes Wort bzw. Satz	
Sprache als Mittel der Erkenntnis	
Sprache als Instrument zur bloßen Darstellung von bereits existierenden Ideen/Gedanken	
Sprache als Abbildung von/Referenz auf Wirklichkeit	
Sprache als Mittel der Verständigung	
Sprache als Mitteilung über objektive Sachverhalte	
Sprache als Mitteilung durch einen Sprecher	
Sprache als Welterschließung	

Martin Heidegger zu Seinscharakteristika des Daseins

TE

Q

Sein [Heideggers] Hauptwerk „Sein und Zeit" (1927) will die Frage nach dem „Sinn von Sein" neu stellen und beansprucht damit, eine *Fundamentalontologie* zu sein. Ausgangspunkt ist dabei der **Mensch**, begrifflich gefasst als **Dasein**, weil dessen Sein, indem es sich zum Sein verhält, selbst durch Seinsverständnis ausgezeichnet ist.

„Das Dasein ist als verstehendes Seinkönnen, dem es in solchem Sein um dieses als das eigene geht .... Dasjenige Sein selbst, zu dem als seinem eigenen das Dasein sich so oder so verhalten kann und immer irgendwie verhält, nennen wir Existenz."

Die *Existenz* (das Sein des Daseins) wird vom jeweiligen Dasein selbst entschieden, in der Wahl seiner eigensten Möglichkeiten. Dabei kann es sich gewinnen oder verlieren, d. h. im Seinsmodus der *Eigentlichkeit* stehen, wenn es sich selbst verwirklicht, oder in dem der *Uneigentlichkeit*, wenn es sich seine Wahl vorgeben lässt.

Da sich Dasein bestimmt aus jeder Möglichkeit, die es ist, muss das Verstehen des Daseins bei seiner Existenz ansetzen. Es kann nicht aus einem allgemeinen vorgängigen Wesen abgeleitet werden. Die Seinscharakteristika des Daseins sind nicht durch Kategorien zu erfassen (wie bei dem nicht daseinsmäßigen Sein, sondern durch **Existentialien**.

Die Grundverfassung des Daseins ist das *„In-der-Welt-sein"*, in der Bedeutung von „vertraut sein mit, gewohnt sein, Umgang haben mit", was unter dem Existential des *„Besorgens"* gefasst wird. Dabei ist die Weise des Vertrautseins mit der Welt vor allem durch den Umgang mit dem Seienden gekennzeichnet, das Heidegger *„Zeug"* nennt. Zeug ist durch seine *„Zuhandenheit"* bestimmt, d. h. es steht zur Verfügung für eine Verwendung (z.B. Werkzeug). Dabei steht das jeweilige Zeug in einem die Welt mitkonstituierenden Verweisungszusammenhang, der im Umgang mit ihm erschlossen wird und das „Wie" der Welt eröffnet [...].

Dasein ist weiterhin ein *„Mitsein"*, als die Bedingung der Möglichkeit, dass Mitdasein begegnen kann. Der Umgang mit anderen wird als [...] *„Fürsorge"* gefasst.

Zumeist befindet sich das Dasein nicht im Modus der Eigentlichkeit des Selbstseins, sondern in der *„Verfallenheit an das Man"*. Darin lässt sich das Dasein sein Sein von anderen abnehmen, indem es sich aus dem versteht, was „man" tut, d. h. in der Durchschnittlichkeit und Alltäglichkeit lebt.

Die Weise, in der sich dem Dasein die Welt, Mitdasein und Existenz urspr. erschließt, ist die *„Befindlichkeit"*. Diese äußert sich in der Stimmung, die kundtut, wie einem zumute ist (Freude, Trauer, Langeweile, Furcht).

In ihr eröffnet sich dem Dasein auch seine *„Geworfenheit"* in der Welt, als seine Faktizität, die ihm anzeigt, dass er sein Dasein zu übernehmen hat, ohne um den tieferen Grund des „Woher" zu wissen.

Ein zweiter existentieller Grundmodus des Daseins ist das *Verstehen*. Dieses bezieht sich auf Möglichkeiten, da es an sich den Charakter des Entwurfs hat. Im Verstehen eröffnet sich dem Dasein sein eigenes Seinkönnen wie auch der Bewandtniszusammenhang der Welt.

Die *Rede* schließlich ist die *„bedeutungsmäßige Gliederung der befindl. Verständlichkeit des In-der-Welt-Seins"*.

(Peter Kunzmann u. a.: dtv-Atlas zur Philosophie. Tafeln und Texte. DTV, München 1993, S. 205)

A

1. *Legen Sie dar, welche Besonderheiten nach Auffassung von Heidegger das „menschliche Dasein" im Unterschied zum bloßen „Sein" aufweist.*
2. *Durch welche „Existentialien" ist das menschliche Leben gekennzeichnet?*
3. *Warum ist das menschliche Dasein nach Heidegger immer zugleich ein „Mitsein"?*

TE

Philosophische Deutungen des Todes

Der Tod geht uns nichts an

Q

Gewöhne dich an den Gedanken, dass der Tod uns nichts angeht. Denn alles Gute und alles Übel beruht auf Empfindung. Daher macht die rechte Einsicht, dass der Tod uns nichts angeht, das sterbliche Leben genussvoll, indem sie diesem nicht ein Dasein von unbegrenzter Dauer hinzufügt, sondern indem sie das Verlangen nach Unsterblichkeit beseitigt. Denn nichts ist im Leben für den Menschen furchtbar, der wahrhaft begriffen hat, dass im Nichtleben nichts Furchtbares liegt. So ist töricht, wer sagt, er fürchte den Tod nicht deshalb, weil er Schmerz verursacht, wenn er eintritt, sondern weil es schmerzlich ist, ihn zu erwarten. Denn was uns nicht belästigt, wenn es geschieht, ruft ohne Grund Schmerz hervor, wenn wir es bloß erwarten. Das schauerlichste Übel, der Tod, geht uns also nichts an. Denn solange wir sind, ist der Tod nicht da, und sobald er da ist, sind wir nicht mehr. Folglich geht er weder die Lebenden an noch die Toten, denn die einen betrifft er nicht, und die anderen sind nicht mehr. Die Menge freilich flieht bald den Tod als das größte Übel, bald sucht sie ihn als ein Ausruhen von den Übeln des Lebens. Der Weise dagegen schmäht weder das Leben, noch fürchtet er das Nichtleben. Denn das Leben widert ihn nicht an, und das Nichtleben betrachtet er nicht als ein Übel [...]. Wer nun aber verkündet, der junge Mensch solle ein schönes Leben haben, der alte dagegen einen schönen Tod, ist einfältig, nicht nur, weil das Leben an sich wünschenswert, sondern auch, weil die Sorge um ein schönes Leben zugleich auch die Vorbereitung auf einen schönen Tod ist.

(Epikur: Brief an Menoikeus. In: Griechische Atomisten. Reclam, Leipzig 1973, S. 267 f.)

Was von unserer Lebenszeit hinter uns liegt, hat schon der Tod

Q

Führe dein Leben in eigener Verantwortung und nimm deine Zeit peinlich genau zusammen [...]. Betrachte es einmal genauer: der größte Teil unseres Lebens geht dahin mit unwürdigem Tun, ein großer Teil mit Nichtstun, das ganze Leben mit belangloser Beschäftigung. Kannst du mir jemand nennen, der wirklich Wert auf Zeiteinteilung legt, der jeden Tag zu schätzen weiß, der begreift, dass er täglich stirbt? Hierin liegt nämlich unser Irrtum, dass wir den Tod immer nur vor uns sehen; er gehört jedoch vielmehr zum großen Teil schon zur Vergangenheit. Was von unserer Lebenszeit hinter uns liegt, hat schon der Tod.

(Seneca: Von der Seelenruhe. Dieterisch'sche Verlagsbuchhandlung, Leipzig 1986, S. 222)

A

1. *Erläutern Sie die Hauptargumente von Epikur dafür, dass uns der Tod nichts angeht.*
2. *Welche Haltung zum Leben spricht aus dieser Auffassung? Warum lehnt Epikur die religiöse Hoffnung auf ein unbegrenztes Weiterleben nach dem Tod ab?*
3. *Warum liegt der Tod nicht nur vor uns, sondern ebenso hinter uns? Welche moralische Verpflichtung leitet Seneca aus dieser Auffassung ab?*

Metaphysische Grundlagen des Mitleids*

TE

Q

Den festen Boden der Erfahrung, welcher bis hieher alle unsere Schritte getragen hat, sollen wir also jetzt verlassen, um in dem, wohin keine Erfahrung, auch nur möglicherweise reichen kann, die letzte theoretische Befriedigung zu suchen [...].

Das, was bis hieher Erklärungsgrund war, wird jetzt selbst unser Problem, nämlich jenes jedem Menschen angeborene und unvertilgbare, natürliche Mitleid, welches sich uns als die alleinige Quelle nicht-egoistischer Handlungen ergeben hat: diesen aber ausschließlich kommt moralischer Wert zu. [...]

Gehn wir aber auf das Wesentliche eines solche Charakters zurück; so finden wir es unleugbar darin, daß er weniger als die Uebrigen einen Unterschied zwischen sich und Andern macht. Dieser Unterschied ist in den Augen des boshaften Charakters so groß, dass ihm fremdes Leid unmittelbar Genuß ist [...]. Der selbe Unterschied ist in den Augen des Egoisten noch groß genug, damit er, um einen kleinen Vortheil für sich zu erlangen, großen Schaden Anderer als Mittel gebrauche. Diesen Beiden ist also zwischen dem Ich, welches sich auf ihre eigene Person beschränkt, und dem Nicht-Ich, welches die übrige Welt begreift, eine weite Kluft, ein mächtiger Unterschied. [...].

Diese dem Egoismus zum Grunde liegende Auffassung ist, empirisch, streng gerechtfertigt. [...] Hingegen wäre jedoch zunächst zu bemerken, dass die Erkenntniß, die wir vom eigenen Selbst haben, keineswegs eine erschöpfenden und bis auf den letzten Grund klare ist. [...]

Worauf beruht alle Vielheit und numerische Verschiedenheit der Wesen? – Auf Raum und Zeit: durch diese allein ist sie möglich; da das Viele sich entweder als neben einander, oder als nacheinander denken und vorstellen läßt [...]. Wenn an den Aufschlüssen, welche Kants bewunderungswürdiger Tiefsinn der Welt gegeben hat, irgend etwas unzweifelhaft wahr ist, so ist es die [...] Lehre von der Idealität des Raumes und der Zeit. Sie ist so klar begründet, daß kein irgend scheinbarer Einwand dagegen hat aufgetrieben werden können. Sie ist Kants Triumpf und gehört zu den höchst wenigen metaphysischen Lehren, die man als wirklich bewiesen und als eigentliche Eroberungen im Feld der Metaphysik ansehn kann. Nach ihr also sind Raum und Zeit die Formen unseres eigenen Anschauungsvermögens, gehören diesem, nicht den dadurch erkannten Dingen an, können also nimmermehr eine Bestimmung der Dinge an sich selbst seyn; sondern kommen nur der Erscheinung derselben zu [...]. Ist aber dem Dinge an sich, d.h. dem wahren Wesen der Welt, Zeit und Raum fremd; so ist es nothwendig auch die Vielheit: folglich kann dasselbe in den zahllosen Erscheinungen dieser Sinnenwelt doch nur Eines seyn, und nur das Eine und identische Wesen sich in diesen allen manifestieren. [...]

Diese Lehre, daß alle Vielheit nur scheinbar sei, daß in allen Individuen dieser Welt, in so unendlicher Zahl sie auch, nach und nebeneinander, sich darstellen, doch nur Eines und das selbe [...] Wesen sich manifestire, diese Lehre ist freilich lange vor Kant, ja man möchte sagen von jeher dagewesen.

(Arthur Schopenhauer: Über die Grundlage der Moral. In: Kleinere Schriften II, Diogenes, Zürich 1977, S. 305 ff.)

A

1. *Worin unterscheidet sich nach Schopenhauer eine moralische Handlungsweise von egoistischen oder gar boshaften menschlichen Handlungen?*
2. *Auf welcher Erkenntnis des Selbst beruht die Handlungsweise des Egoisten? Warum schöpft diese Erkenntnisweise das menschliche Sein nicht aus?*
3. *Wie begründet Schopenhauer, dass die Vielheit/Differenz der Menschen nur scheinbar ist, während sich auf tieferer Ebene eine seinsmäßige Einheit ergibt?*

TE

Der Mythus als symbolische Form

Q

Von allen Dingen in der Welt scheint der Mythus das unzusammenhängendste und ungereimteste zu sein. [...]

Das Problem zeigt sich jedoch in anderem Licht, wenn wir es von einer anderen Seite anfassen. Die Gegenstände des Mythus und der rituellen Handlungen sind von unendlicher Mannigfaltigkeit; sie sind unberechenbar und unmessbar. Aber die Motive mythischen Denkens und mythischer Vorstellung sind in gewissem Sinne immer dieselben. In allen menschlichen Tätigkeiten und in allen Formen menschlicher Kultur finden wir eine „Einheit in der Vielfalt". Kunst gibt uns eine Einheit der Intuition; Wissenschaft gibt uns eine Einheit des Denkens; Religion und Mythus geben uns eine Einheit des Fühlens. [...]

Es ist eine tiefe Sehnsucht der Individuen, sich selbst mit dem Leben der Gemeinschaft und mit dem Leben der Natur zu identifizieren. Diese Sehnsucht wird durch religiöse Riten befriedigt. Hier sind die Individuen in eine einzige Form geschmolzen - in ein ununterscheidbares Ganzes. [...] In totemistischen Systemen stammt die gegenwärtige Generation nicht nur von ihren animalischen Vorfahren ab, sie *ist* die Verkörperung dieser Vorfahren. [...] Die Vorväter erscheinen in diesen Zeremonien wieder; ihre Gegenwart, ihr wohltätiger Einfluss wird unmittelbar erkannt und gefühlt. [...] Durch einen ersten Akt der Identifikation behauptet der Mensch seine fundamentale Einheit mit seinen menschlichen oder tierischen Vorfahren - durch einen zweiten Akt identifiziert er sein Leben mit dem der Natur. Tatsächlich kann es keine scharfe Grenze zwischen den beiden Reichen geben. [...] Eine und dieselbe Gemeinschaft - die Gemeinschaft des Lebens - umfasst und umschließt alle beseelten und unbeseelten Wesen. [...]

Hier erfassen wir eines der wesentlichsten Elemente des Mythus. Mythus entsteht nicht allein aus intellektuellen Prozessen; er sprosst hervor aus tiefen menschlichen Gefühlen. Dennoch gehen andererseits alle Theorien, die nur das emotionale Element betonen, an einem wesentlichen Punkt vorbei. Mythus kann nicht als bloßes Gefühl bezeichnet werden, weil er *Ausdruck* des Gefühls ist. [...]

Um diese Umwandlung zu verstehen, muss man eine scharfe Unterscheidung zwischen zwei Typen von Ausdruck machen; zwischen natürlichen und symbolischen Ausdrücken. [...] Aber allgemein gesprochen, gehören menschliche *Antworten* zu einem ganz anderen Typus. Was sie von tierischen Reaktionen unterscheidet, ist ihr symbolischer Charakter. [...] Der Mensch hat eine neue Art des Ausdrucks entdeckt: den symbolischen Ausdruck. Dies ist der gemeinsame Nenner all seiner kulturellen Tätigkeiten; in Mythus und Poesie, in Sprache, in Kunst, in Religion und in Wissenschaft. Diese Betätigungen sind sehr unterschiedlich, aber sie erfüllen alle ein und dieselbe Aufgabe: die Aufgabe der *Objektivierung*. [...]

Mythus [...] scheint eine vollständig phantastische Welt aufzubauen. Nichtsdestotrotz hat sogar der Mythus einen gewissen „objektiven" Aspekt. Sprachlicher Symbolismus führt zu einer Objektivation der Sinneseindrücke; mythischer Symbolismus führt zur Objektivation von Gefühlen.

(Ernst Cassirer: Der Mythus des Staates. Fischer, Frankfurt/M. 1985, S. 52 ff.)

A

1. *Welche menschlichen Sehnsüchte sind nach Cassirer Quelle des mythischen Bewusstseins, welche Identifikationen werden in Form des Mythos vorgenommen?*
2. *Legen Sie dar, warum der Mythos nach Auffassung von Cassirer nicht nur als ein Gefühl anzusehen ist, sondern ein* Ausdruck *des Gefühls ist.*
3. *Worin unterscheidet sich der Mythos als symbolische Form von natürlichen Ausdrücken, wie sie auch bei Tieren vorkommen?*

Mythisches Denken und wissenschaftliche Rationalität im Vergleich (AB)

Vergleichen Sie beide Denkformen unter den hier dargestellten Gesichtspunkten. Nutzen Sie die unteren Spalten, um den Vergleich mit eigenen Gedanken abzurunden: (A)

Vergleichsmaßstäbe	Mythisches Denken	Wissenschaftliche Rationalität
Bedeutung der Erzählung		
Erklärungen zum Ursprung		
Anschaulichkeit		
Besonderheiten der Sprache als Medium		
Platz göttlicher Handlungen		
Darstellungen der Welt als Ganzes		
Verhältnis zur Vergangenheit		
Angebote für die Sinnstiftung von Individuen		
Erklärung von Unerklärlichem		
Art der Klassifikation		
Stellenwert der Emotionen		

TE

Was lohnt sich?

Q

Die Redaktion der Jugendzeitschrift „Spiesser“ hat unter Schülern der Jahrgangsstufe 12 eines Trierer Gymnasiums eine Umfrage gestartet, was sie für lohnenswert halten:

Kai, 17	„Das Pflegen von Freundschaften lohnt sich.“
Karsten, 17	„Maximale Anstrengung beim Verfolgen von Zielen ist erstrebenswert. Auch wenn Vorhaben scheitern, kann man Erkenntnis über sich selbst erlangen.“
Nikolas, 17	„Sechs Wochen Ferienarbeit. Von dem Geld habe ich mir einen Fernseher geleistet.“
André, 17	„Es lohnt sich für mich, nicht mit dem Rauchen anzufangen. Dafür habe ich den Führerschein bezahlt bekommen.“
Tim, 17	„Musikmachen, dabei kann man den Alltagstrott ausblenden.“
Diana, 18	„Das Lernen ist ein Instrument, um anderen eine Freude zu machen.“
Monja, 17	„Sich von alten Lasten zu trennen. So kann man mit voller Energie in ein neues Abenteuer starten.“
Almas, 18	„Veränderungen. Man sollte Altes zurücklassen können und für seine Träume und Ziele kämpfen.“
Mira, 17	„Es lohnt sich, gut gelaunt aufzustehen, lecker zu frühstücken und mit Oma Karten zu spielen.“
Benedict, 17	„Immer 100 Prozent geben. Trotz Niederlagen kann man so stolz auf sich sein.“
Julia, 17	„Alles, wovon man überzeugt ist.“
Janosch, 18	„Fernbeziehungen. Wirkliche Liebe kann nichts aufhalten.“
Emanuel, 19	„Pläne engen ein, Zeitdruck nervt. Daher lohnt sich Spontanität.“
Alexander, 17	„Es lohnt sich, Zeit mit seiner Familie zu verbringen. Man weiß nie, wann sich die Wege trennen.“
Florentina, 18	„Eigentlich lohnt sich gar nichts. Am Ende sterben wir sowieso.“
Gabriel, 17	„Wissen lohnt sich. Man ist weniger von den Aussagen anderer abhängig.“

(Yasmin Mergen: Was lohnt sich? In: Spiesser, die Jugendzeitschrift. H.11/2010, S. 4)

A

1. *Rekonstruieren Sie die verschiedenen Wertvorstellungen, die den Wortmeldungen der Schüler zugrunde liegen.*
2. *Ordnen Sie die Wertvorstellungen zu Gruppen. Welche wiederkehrenden Muster werden bei aller dargestellten Vielfalt deutlich?*
3. *Wie hätten Sie selbst die Frage „Was lohnt sich?“ beantwortet? Notieren Sie Ihre Auffassung auf eine Karteikarte und heften Sie sie an die Pinnwand. Diskutieren Sie anschließend in der Gruppe, welche Gemeinsamkeiten und Unterschiede im Vergleich der verschiedenen Auffassungen sichtbar werden.*

Es gibt keinen Stillstand des Wertebewusstseins

TE

Q

Jede Zeit hat ihre „geltenden Wahrheiten". [...] Ebenso hat jede Zeit und jedes Volk seine „geltende Moral" – man kann auch in Analogie zur „positiven Wissenschaft" sagen: seine „positive Moral". Das ist allemal ein System geltender Vorschriften, denen sich der Mensch unterwirft und die er als absolut anerkennt.

Es gibt geschichtlich eine Moral der Tapferkeit, eine Moral des Gehorsams, eine Moral des Stolzes, desgleichen der Demut, der Macht, der Schönheit, der Willensstärke, der Mannestreue, des Mitleids. Von aller positiven Moral zu unterscheiden ist aber die Ethik als solche mit ihrer allgemeinen, idealen Forderung des Guten, wie sie in jeder speziellen Moral schon gemeint und vorausgesetzt ist. Ihre Sache ist es zu zeigen, was überhaupt „gut" ist. Die Ethik sucht das Kriterium des Guten, das jenen positiven Moralen fehlt.

Jeder neue Lebenskonflikt stellt den Menschen vor neue Aufgaben und kann dadurch zum Erfassen neuer Werte führen. [...] Dann ergibt sich aber, dass die ganze Menschheit unausgesetzt an der primären Entdeckung der Werte arbeitet, und zwar ohne diese Arbeit als Zweck zu verfolgen: jede Gemeinschaft, jedes Zeitalter, jedes Volk an seinem Teil und in den Grenzen seines geschichtlichen Seins; und ebenso im Kleinen jeder Einzelne für sich, in den Grenzen seines moralischen Gesichtskreises. Die Konsequenz ist: Es gibt überhaupt keinen absoluten Stillstand des Wertbewusstseins. Auch hier, wie überall in der Welt, ist alles im Fluss. Unter der scheinbar beruhigten Oberfläche ist die beständige Revolution des Ethos am Werk. [...]

Hat eine Zeit dem geschauten Wert den Namen aufgeprägt, so ist es sicher schon die nächste Generation, die mit dem Namen nicht mehr den gleichen Sinn verbindet. [...] Es gibt also ein andauerndes Sichherausarbeiten neuer ethischer Wertgehalte. Das ist keine Umwertung der Werte, wohl aber eine Umwertung des Lebens. Die Werte selbst verschieben sich nicht in der Revolution des Ethos. Ihr Wesen ist überzeitlich, übergeschichtlich. Aber das Wertbewusstsein verschiebt sich. Es schneidet aus dem Reich der Werte jeweilig einen kleinen Umkreis des Erschauten heraus. Und dieser Umkreis „wandert" auf der idealen Ebene der Werte. Jede in den Ausschnitt des Erschauten eintretende und jede aus ihm verschwindende Wertstruktur bedeutet eine Umwertung am Leben für das wertende Bewusstsein. Denn nur unter die jeweilig geschauten Werte fällt dem wertenden Bewusstsein das Wirkliche. So geschieht es, dass Handlungen, Gesinnungen, Verhältnisse, die gestern für gut galten, heute verwerflich scheinen können. Weder das Wirkliche hat sich geändert noch die Werte; nur die Auslese der Werte, die als Maßstab des Wirklichen gelten, ist verändert. Der Prozess der ethischen Revolution ist ein echter Entdeckungsprozess, echte Wertenthüllung, Werterschließung; freilich auf der anderen Seite immer zugleich Wertverlust, Wertvergessenheit, Wertentschwinden.

(Nicolai Hartmann: Ethik. Walter de Gruyter, Berlin 1994, S. 48 f.)

A

1. *Unterteilen Sie den Text in Sinnabschnitte und geben Sie diesen jeweils Überschriften.*
2. *Interpretieren und belegen Sie den ersten Satz „Jede Zeit hat ihre geltenden Wahrheiten".*
3. *Erläutern Sie den Zusammenhang zwischen sich änderndem Wertbewusstsein und dem Leben. Stimmen Sie Hartmanns Behauptung zu, dass sich Werte selbst nicht verändern, aber es zu einer Verschiebung des Wertbewusstseins kommt? Begründen Sie Ihren Standpunkt.*

TE

Das war schon immer so

Q

Der bürgerliche Kanon des Geschlechtsverkehrs hatte zu Beginn diesen Jahrhunderts [gemeint ist das 20. Jahrhundert] in Deutschland, wie in vielen anderen Ländern der Zeit, auf der einen Seite den Charakter dessen, was man herkömmlicher Weise als Moral bezeichnet – das heißt, den Charakter einer anscheinend ewigen, für Menschen aller Zeiten und Räume geltenden Vorschrift. In seinem Zentrum stand das Gebot, geschlechtliche Beziehungen zwischen Männern und Frauen auf Beziehungen innerhalb der Ehe zu begrenzen. An junge Menschen [...] stellte dieser Kanon demnach die Anforderung völliger sexueller Enthaltsamkeit, solange sie nicht verheiratet waren. Da Studenten oft bis Mitte und manchmal bis Ende ihrer zwanziger Jahre nicht in der Lage waren zu heiraten, bedeutete die konsequente Erfüllung der Moralgebote ihrer Gesellschaft ein langes mönchisches Leben. Aber die Gesellschaft dieser Periode war selektiv tolerant [...]. Sie verlangte strenge Einhaltung des Gebots der Keuschheit bis zur Ehe nur von jungen Frauen, während sie jungen Männern informelle Übertretungen erlaubte. Das Moralgebot der sexuellen Enthaltsamkeit bis zur Ehe beschränkte sich lediglich auf den Verkehr mit Mädchen der eigenen sozialen Klasse. Da man von diesen jungen Frauen tatsächlich Enthaltsamkeit bis zur Ehe verlangte und in ihrem Falle Verfehlungen gegen das Gebot auf schwerste bestrafte, etwa mit gesellschaftlicher Schande oder mit Ausstoßung, war es jungen Männern der gehobenen Klassen absolut verboten, erotische Beziehungen zu gleichgestellten Mädchen bis zum Geschlechtsverkehr voranzutreiben.

Was wie ein Gegensatz zwischen allgemeinem Moralgebot und selektiver Praxis erscheint, war de facto ein Ausdruck des gesellschaftlichen Machtgefälles: Im schichtinternen Verkehr mit Mädchen gab es für junge Männer der gehobenen Klassen nur strikte Distanz und Heirat, im schichtexternen Verkehr hingegen war Beischlaf in Form von Verliebtsein oder der Prostitution zugelassen.

Frauen, die man heiraten konnte, waren schlechterdings unberührbar. Ihnen gegenüber galten die Verkehrsformen der guten Gesellschaft: man verneigte sich, küsste die Hand, tanzte mit ihnen in der vorgeschriebenen Art und Weise, küsste sie, wenn sie es erlaubten [...].

Auf der anderen Seite gab es Mädchen einer anderen sozialen Klasse, seien es Prostituierte in einem Bordell, seien es Mädchen aus dem kleineren Bürgertum oder der Arbeiterschaft, mit denen man ein Verhältnis haben konnte.

(Norbert Elias: Studien über die Deutschen. Suhrkamp, Frankfurt/M. 1990, S. 141 und 151)

A

1. *Notieren Sie fünf Normen, die den Wandel in der Geschlechterbeziehung von damals zu heute verdeutlichen:*

____

____

____

____

2. *Welche Normen innerhalb der Geschlechterbeziehung blieben über die Zeit hinweg konstant? Notieren Sie einige Beispiele.*

____

____

____

Sind Gut und Böse relativ?

TE

Angesichts des Labyrinths von Werten stoßen wir auf die Frage, ob es allgemeinverbindliche Maßstäbe von Gut und Böse gibt, die uns als Kompass dienen können. Zwei extreme Standpunkte sind in diesem Zusammenhang möglich:

Q

Der erste lautet: Jeder Mensch sollte der in seiner Gesellschaft herrschenden Moral folgen. Der zweite lautet: Jeder sollte seinem Belieben folgen und tun, wozu er Lust hat.

Zum ersten Standpunkt: Diese Forderung verwickelt sich in drei Widersprüche. Erstens widerspricht sich die Forderung schon insofern, als der, der sie formuliert, damit ja wenigstens eine allgemeinverbindliche Norm aufstellen will, nämlich die, dass man immer der herrschenden Moral folgen soll. [...] Es kann zum Beispiel ein Bestandteil der herrschenden Moral sein, über die Moralvorstellungen anderer Gesellschaften schlecht zu denken und die Menschen zu verurteilen, die diesen folgen. [...]

Zweitens gibt es nicht immer die herrschende Moral. Gerade in pluralistischen Gesellschaften konkurrieren verschiedene Moralauffassungen miteinander, zum Beispiel in der Abtreibungsdebatte.

Drittens gibt es Gesellschaften, in denen das Leben eines Reformers als vorbildlich gilt. Nun kann es sein, dass wir seine Maßstäbe für richtig, aber eine grundsätzliche Änderung nicht für erforderlich halten. Dann aber deshalb, weil wir von der inhaltlichen Richtigkeit überzeugt sind und nicht schlechthin, weil wir Anpassung für das Richtige halten. Als vorbildlich gilt in diesem Falle ja jemand, der nicht angepasst lebt. Wem soll sich in solch einem Falle der prinzipielle Anpasser anpassen?

Die erste These verabsolutiert die jeweils herrschende Moral, definiert die Worte „gut" und „böse" einfach durch diese und verwickelt sich dabei in die genannten Widersprüche.

Zum zweiten Standpunkt: Er verurteilt im Gegensatz zum ersten jede Moral als Repression und Unterdrückung und verlangt, es solle jeder nach Belieben handeln und nach seiner Facon glücklich werden. Während die erste These als autoritär zu bezeichnen ist, handelt es sich bei der zweiten um eine anarchistische oder individualistische. Theoretisch ist die zweite schwerer zu widerlegen als die erste, weil sie oft den Charakter eines konsequenten Amoralismus besitzt, für den es „gut" und „böse" gar nicht gibt, für den eine sich aufopfernde Mutter und ein skrupelloser Drogendealer gleichermaßen berechtigt sind.

Genau besehen ist die These trivial. Jeder tut ohnehin, was ihm beliebt. Was also meint jemand, der diese These in moralisch-kritischer Absicht aufstellt? Er stellt in Rechnung, dass es im Menschen verschiedene Antriebe gibt: manche sind natürlich und angeboren, andere anerzogen und damit fremdbestimmt. Er plädiert für die selbstbestimmten. Dabei wird verkannt, dass der Mensch kein instinktgeprägtes Wesen ist, sondern dass er erst im Handeln sein Wesen sucht und finden muss. Richtig und gut leben heißt also erst einmal, seine Vorlieben finden und in eine Rangfolge bringen. Richtig ist demnach die Rangordnung, bei welcher der Mensch glücklich und mit sich im Reinen lebt. Das kann er nicht, wenn er nach einer beliebigen Rangordnung lebt. Außerdem gibt es nicht nur mein Belieben, es gibt auch das Belieben anderer. [...] Eine allgemeine Toleranzforderung jedoch schränkt das eigene Belieben ein. Toleranz ist also keine Forderung des moralischen Relativismus, sie gründet sich vielmehr auf eine sehr bestimmte moralische Überzeugung, für welche Allgemeingültigkeit verlangt wird.

(Nach Robert Spaemann: Moralische Grundbegriffe. Beck, München 2004, S. 16 ff.)

A

1. *In welche Widersprüche verwickelt man sich, wenn man behauptet, dass wir nur der in der jeweiligen Gesellschaft herrschenden Moralauffassung folgen sollten?*
2. *Prüfen Sie die Hauptargumente Spaemanns gegen die verbreitete Auffassung, dass Jeder nach eigenem Belieben handeln und das tun solle, wozu er Lust habe.*

AB

Was „etwas Gutes tun“ von „etwas gut tun“ unterscheidet

Verwendungsweisen des sprachlichen Ausdrucks „gut“	„Gut“ im moralischen Sinne	„Gut“ im außermoralischen Sinne
Er ist ein guter Fußballspieler.		
Er ist ein guter Unterhalter.		
Sie ist eine gute Zuhörerin.		
Sie ist ein guter Mensch.		
Er ist nur ein guter Freund.		
Das Verhältnis der Staaten ist gut.		
Das war ein wirklich guter Einbrecher.		
Das Verhandlungsklima ist gut.		
Jeder sollte Gutes tun.		
Das war ein gutes Geschäftsjahr.		
Das hast du aber gut gemacht (ironisch)!		
Er konnte einen guten Preis erzielen.		
Das war zwar gut gemeint ...		
Er ist ein guter Kerl.		
Sie hat die Operation gut überstanden.		
Er hat einen guten Charakter		
Das tut mir gut.		
Er war immer gut zu mir.		

A

1. *Kreuzen Sie an, ob Ihrer Meinung nach in den jeweiligen sprachlichen Ausdrücken das Wort „gut“ eher in einem moralischen Sinne oder in einem nichtmoralischen Sinne verwendet wird.*
2. *Ergänzen Sie die Auflistung um weitere ihnen geläufige sprachliche Wendungen, in denen das Wort „gut“ vorkommt. Nutzen Sie dafür die freien Spalten der Tabelle.*
3. *Suchen Sie nach Gründen und Rechtfertigungen für Ihre Intuition, was „moralisch gut“ meint.*

Ohne das Leben in der Gemeinschaft gäbe es keinen Grund, moralisch zu sein

(TE)

Der amerikanische Philosoph MacIntyre geht der Frage nach, ob der Patriotismus, also das Engagement für eine bestimmte politische Gemeinschaft, eine moralische Tugend oder eine Untugend ist:

(Q)

Lassen sie mich [...] einen alternativen Moralbegriff erörtern, der besonders durch den Ort interessant ist, den er dem Patriotismus zuweist.

[...] Dieser Auffassung zufolge ist es ein wesentliches Merkmal der Moral, die wir erwerben, dass sie von, in und vermittels der Lebensweise einer bestimmten Gemeinschaft erlernt wird. [...] So ist das, was ich als Leitfaden meiner Handlungen und als Standard ihrer Beurteilung lerne, niemals die Moral als solche, sondern stets eine sehr spezifische Moral einer sehr spezifischen gesellschaftlichen Ordnung. [...] Daraus folgt, dass ich *meine* Rechtfertigung für die Befolgung dieser moralischen Regeln in *meiner* bestimmten Gemeinschaft finde; ohne das Leben in dieser Gemeinschaft hätte ich keinen Grund, moralisch zu sein. Aber das ist nicht alles. Die Regeln der Moral zu beachten, ist charakteristischerweise und allgemein eine schwierige Anforderung an menschliche Wesen. In der Tat, wäre dem nicht so, hätten wir die Moral nicht so nötig. Weil wir ständig Gefahr laufen, von unmittelbaren Wünschen geblendet zu werden, von unseren Verantwortlichkeiten abgelenkt oder rückfällig zu werden [...], ist es für die Moral wichtig, dass *ich* nur ein moralisch Handelnder sein kann, weil *wir* moralisch Handelnde sind – dass ich die um mich herum zur Festigung meiner moralischen Stärken und zur Hilfe bei der Überwindung meiner moralischen Schwächen brauche. [...]

So ist denn das Argument dafür, den Patriotismus als Tugend anzusehen, klar. *Wenn* es erstens der Fall ist, dass ich die Regeln der Moral nur in der Version aufnehmen kann, wie sie in einer bestimmten Gemeinschaft verkörpert sind, und *wenn* zweitens der Fall ist, dass die Moral in Begriffen bestimmter Güter gerechtfertigt werden muss, die innerhalb des Lebens bestimmter Gemeinschaften genossen werden können; und *wenn* es drittens so ist, dass ich typischerweise nur durch die besonderen Arten moralischer Unterstützung, die mir meine Gemeinschaft gewährt, zum moralisch Handelnden werde und als solcher erhalten werde, *dann* ist es klar, dass ich ohne diese Gemeinschaft kaum als moralisch Handelnder gedeihen kann. [...] Meiner Gemeinschaft beraubt laufe ich Gefahr, alle wirklichen Maßstäbe des Urteilens zu verlieren. Dieser Auffassung zufolge ist die Loyalität zu dieser Gemeinschaft [...] eine Bedingung der Moral. So sind Patriotismus und die mit ihm verwandten Loyalitäten nicht nur Tugenden, sondern zentrale Tugenden.

(Alasdair MacIntyre: Ist Patriotismus eine Tugend? In: Honneth, Axel (Hg.): Kommunitarismus. Eine Debatte über die moralischen Grundlagen moderner Gesellschaften. Campus, Frankfurt/New York 1994, S. 84 ff.)

(A)

1. *Geben Sie MacIntyres Argumente dafür wieder, dass Menschen ohne die Einbindung in eine Gemeinschaft nicht als moralisch Handelnde gedeihen können.*
2. *Inwiefern lässt sich der Patriotismus nach MacIntyre als moralische Tugend betrachten?*
3. *Zeigen Sie anhand historischer oder aktueller Beispiele, dass ein blinder Patriotismus zu moralisch verwerflichen Handlungsweisen führen kann.*
4. *Entwickeln Sie ausgehend davon selbst eine Unterscheidung zwischen verschiedenen Typen patriotischer Identifikation.*

AB

Das Heinz-Dilemma

Q Eine todkranke Frau litt an einer besonderen Krebsart. Es gab ein Medikament, das nach Ansicht der Ärzte ihr Leben hätte retten können. Ein Apotheker der Stadt hatte es kurz zuvor entdeckt. Das Medikament war teurer in der Herstellung, der Apotheker verlangte jedoch ein Vielfaches seiner eigenen Kosten. Heinz, der Ehemann der todkranken Frau, borgte von all seinen Bekannten Geld, brachte aber nur die Hälfte des Preises zusammen. Nach ergebnislosen Verhandlungen mit dem Apotheker brach Heinz in die Apotheke ein und stahl das Medikament für seine Frau.

(Nach Lawrence Kohlberg: Zur kognitiven Entwicklung des Kindes. Frankfurt/M. 1974, S. 66.)

A *Das Heinz-Dilemma wurde vom Psychologen Kohlberg genutzt, um bei Heranwachsenden Entwicklungsstufen der moralischen Urteilskraft zu identifizieren. Dazu entwickelt er eine Reihe von Fragen. Nehmen Sie selbst zu diesen Fragen Stellung:*

1. *Hätte Heinz das Medikament stehlen sollen? Begründen Sie Ihre Antwort!*
2. *Sollte Heinz wegen des Diebstahls rechtlich zur Verantwortung gezogen werden?*
3. *Was ist schlimmer, jemanden sterben zu lassen oder zu stehlen? Warum?*
4. *Hätte der Ehemann auch dann einen triftigen Grund zu stehlen, wenn er seine Frau nicht liebt? Wäre es genauso gerechtfertigt, für einen Fremden zu stehlen? Warum? …*

Sind wir zur Hilfe in der Not moralisch verpflichtet? (AB)

Kant verwendet in der „Grundlegung zur Metaphysik der Sitten“ verschiedene Beispiele, um die Bedeutung des kategorischen Imperativs als Maßstab zur Überprüfung der moralischen Qualität einer Handlung zu demonstrieren. Sein viertes Beispiel bezieht sich auf die – uns auch heute wohlbekannte – Verhaltensweise, einem Menschen, der sich in Not befindet, aus mehr oder weniger triftigen Gründen die Hilfe zu verweigern.

(Q) Noch denkt ein vierter, dem es wohl geht, indessen er sieht, dass andere mit großen Mühseligkeiten zu kämpfen haben (denen er auch wohl helfen könnte): was geht's mich an? mag doch ein jeder so glücklich sein, als der Himmel will, oder er sich selbst machen kann, ich werde ihm nichts entziehen, ja nicht einmal beneiden; nur zu seinem Wohlbefinden oder seinem Beistande in der Not habe ich nicht Lust etwas beizutragen! Nun könnte allerdings, wenn eine solche Denkungsart ein allgemeines Naturgesetz würde, das menschliche Geschlecht gar wohl bestehen und ohne Zweifel noch besser, als wenn jedermann von Teilnehmung und Wohlwollen schwatzt, auch sich beeifert, gelegentlich dergleichen auszuüben, dagegen aber auch, wo er nur kann, betrügt, das Recht der Menschen verkauft, oder ihm sonst Abbruch tut. Aber, obgleich es möglich ist, dass nach jener Maxime ein allgemeines Naturgesetz wohl bestehen könnte; so ist es doch unmöglich, zu WOLLEN, dass ein solches Prinzip als Naturgesetz allenthalben gelte. Denn ein Wille, der dieses beschlösse, würde sich selbst widerstreiten, indem der Fälle sich doch manche ereignen können, wo er anderer Liebe und Teilnehmung bedarf, und wo er durch ein solches aus seinem eigenen Willen entsprungenes Naturgesetz sich selbst alle Hoffnung des Beistandes, den er sich wünscht, rauben würde.

(Immanuel Kant: Grundlegung zur Metaphysik der Sitten. Reclam, Stuttgart 1984, S. 71)

(A) *Wenden Sie Kants Drei-Schritte-Verfahren an, um die oben beschriebene Handlung auf ihren moralischen Gehalt zu prüfen und notieren Sie das Ergebnis in den entsprechenden Spalten:*

1. Erläuterung des Falls:

2. Rekonstruktion der Maxime:

3. Prüfung der Maxime auf Verallgemeinerbarkeit:

ÜB

Ethische Theorien im Vergleich

Unterscheidungsmerkmal	**Maximenethik (Kant)**	**Klassischer Utilitarismus (Bentham, Mill)**
Oberstes Kriterium moralischen Verhaltens	Kategorischer Imperativ (Universalisierungsgrundsatz)	Nutzenprinzip (Glück aller Betroffenen)
Typ der Ethik (nach dem Verhältnis zu den Zielen/den Handlungsfolgen)	deontologische Ethik/ Prinzipienethik	teleologische Ethik/ konsequenzialistische Ethik
Wesentliche Bereiche moralischer Verpflichtung	Verpflichtungen gegen mich selbst, Verpflichtungen gegen andere	Verpflichtung gegen andere, Verpflichtung gegenüber der fühlenden Natur
Menschenbild/anthropologische Grundlagen	Dualität des Menschen als vernünftiges und sinnliches Wesen	Mensch strebt nach Befriedigung seiner Bedürfnisse, kalkuliert dafür rational die Mittel
Wesentlicher Gehalt der moralischen Verpflichtung	Achtung der Würde jedes Menschen als Person	Maximierung der Lust/ Minimierung des Leids
Stellenwert der Glückseligkeit im Konzept der Moralität	hat nur nachgelagerte Bedeutung	Glück als oberstes Ziel und Kriterium der Moralität
Beweis für das Prinzip der Moral	a priori Vernunftbeweis	empirischer Beweis, gestützt auf Erfahrung

Warum es unrecht ist, Menschen ihr Leben zu nehmen (Argumente des Handlungs- und des Präferenzutilitarismus im Vergleich)

AB

Streitfrage	Argumentation des Handlungs-utilitarismus	Argumentation des Präferenz-utilitarismus
Warum ist die Tötung einer menschlichen Person in der Regel Unrecht?		
Unter welchen Bedingungen ist die Gefährdung des Lebens/die Tötung eines Menschen gerechtfertigt?		
Darf man das Leben bestimmter Menschen gegen andere Güter abwägen? Warum/Warum nicht?		
Gibt es ein Recht auf Leben? Wenn ja, wie lässt es sich begründen?		
Darf der Mensch selbst unter bestimmten Umständen über die Beendigung seines Lebens entscheiden? Wenn ja, was sollte er dabei beachten?		

AB

Merkmale der alten Ethik

1. Aller Umgang mit der außermenschlichen Welt, das heißt, der ganze Bereich der *techne* (Kunstfertigkeit) war – mit Ausnahme der Medizin – ethisch neutral – in Hinblick auf das Objekt sowohl wie auf das Subjekt solchen Handelns [...]. Kurz, Wirkung auf nichtmenschliche Objekte bildete keinen Bereich ethischer Bedeutsamkeit.

2. Ethische Bedeutsamkeit gehörte zum direkten Umgang von Mensch mit Mensch, einschließlich des Umgangs mit sich selbst; alle Ethik ist *anthropozentrisch*.

3. Für das Handeln in dieser Sphäre wurde die Entität „Mensch" und ihr fundamentaler Zustand als im Wesen konstant angesehen und nicht selber als Gegenstand umformender *techne* (Kunst).

4. Das Wohl und Übel, worum das Handeln sich zu kümmern hatte, lag nahe bei der Handlung [...]. Ethik hatte es demgemäß mit dem Hier und Jetzt zu tun; mit Gelegenheiten, wie sie zwischen Menschen sich einstellen, mit den wiederkehrenden, typischen Situationen des privaten und öffentlichen Lebens.

(Hans Jonas: Das Prinzip Verantwortung. Versuch einer Ethik für die technologische Zivilisation. Suhrkamp, Frankfurt am Main 1984, S. 22 f.)

A *Legen Sie mit eigenen Worten dar, welche Grenzen die bisherige Ethik nach Hans Jonas aufweist. Notieren Sie die Ergebnisse auf dem Arbeitsblatt.*

Alte und neue Imperative

TE

1. Kants kategorischer Imperativ sagte „Handle so, dass du auch wollen kannst, dass deine Maxime ein allgemeines Gesetz werde.“ Das hier aufgerufene „kann“ ist das der Vernunft und ihrer Einstimmung mit sich selbst: Die Existenz einer Gesellschaft menschlicher Akteure (handelnder Vernunftwesen) , muss die Handlung so sein, dass sie sich ohne Selbstwiderspruch als allgemeine Übung dieser Gemeinschaft vorstellen lässt. [...]

2. Ein Imperativ, der auf den neuen Typ menschlichen Handelns passt und an den neuen Typ von Handlungssubjekt gerichtet ist, würde etwa so lauten: „Handle so, dass die Wirkungen deiner Handlung verträglich sind mit der Permanenz echten menschlichen Lebens auf Erden“; oder negativ ausgedrückt: „Handle so, dass die Wirkungen deiner Handlung nicht zerstörerisch sind für die künftige Möglichkeit solchen Lebens“; oder einfach: „Gefährde nicht die Bedingungen für den indefiniten Fortbestand der Menschheit auf Erden“ [...].

(Hans Jonas: Das Prinzip Verantwortung. Versuch einer Ethik für die technologische Zivilisation. Suhrkamp, Frankfurt am Main 1984, S. 35 f.)

A

1. *Worin bestehen nach Jonas Grenzen des alten Imperativs von Immanuel Kant?*
2. *Erläutern Sie mit eigenen Worten den Inhalt des neuen Imperativs, den Jonas vorschlägt.*
3. *Welche Verhaltensvorschriften im Umgang mit extrem risikoreichen Technologien lassen sich aus diesem Imperativ ableiten?*

AB

Modelle ökologischer Ethik (Stärken-Schwächen-Analyse)

Begründungsansatz	Vertreter	Stärken	Schwächen
Pathozentrischer Ansatz (Prinzip gleicher Interessenabwägung – angewandt auf fühlende Lebewesen)	Singer		
Biozentrischer Ansatz (Rechte der Lebewesen, denen Pflichten des Menschen entsprechen)	Tribe		
Holistischer Ansatz (Idee der Welt als einer Gemeinschaft von Lebewesen)	Devall		
Anthropozentrischer Ansatz (Bedürfnisse des Menschen als Grundlage für den Naturschutz)	Kant		

Cluster „Recht und Gerechtigkeit“ (AB)

(A) *Fügen Sie in das vorhandene Begriffsgerüst weitere Begriffe ein, die der Bestimmung des Verhältnisses von Recht und Gerechtigkeit dienen könnten. Entwerfen Sie ein Netz von Verbindungslinien, um die wesentlichen Beziehungen zwischen den Elementen des Clusters „Recht und Gerechtigkeit“ zu verdeutlichen.*

Unparteilichkeit

Freiheitsrechte

faire Verfahren

unabhängige Justiz

Menschenrechte

Gerechtigkeit – Recht

Rechtsstaat

Faire Chancengleichheit

Gleichheit vor dem Gesetz

Wahlrechte

Gleichheit

AB

Gerechtigkeit und Gleichheit

Zu verteilende Güter bzw. Leistungen	Gleichheit als gerecht/ungerecht
Politische Rechte (wie z.B. das Wahlrecht)	
Löhne/Einkommen	
Liebe/Zuneigung	
Ämter/Positionen	
Achtung/Würde	
soziale Anerkennung/soziale Ehrungen	
Persönlichkeitsrechte (wie das Recht auf freie Entfaltung der Persönlichkeit)	
Zensuren und Bewertungen für schulische Leistungen	
Existentielle Grundgüter (z.B. der Anspruch auf Hilfe im Krankheitsfall)	
Bildungsgüter (wie z.B. Ausbildungs- und Studienplätze)	
Begehrte berufliche Tätigkeiten/Arbeitsplätze	
Luxusgüter (wie z.B. eine Yacht, ein Auto der Oberklasse)	
Mitgliedschaften (in Staaten, Vereinen, Kirchen)	
Naturgüter (z.B. Zugang zu sauberer Luft, zum Wald oder zum Badestrand)	
Kosten/Schäden (z.B. durch eine internationale Finanzkrise oder eine Naturkatastrophe)	
Strafen (z.B. für Eigentumsdelikte oder Körperverletzungen)	

A

1. *Entscheiden Sie, ob Sie in den hier aufgeführten Fällen die Anwendung von Gleichheitsmaßstäben als gerecht (+) oder ungerecht (-) ansehen. Tragen Sie die Ergebnisse Ihrer Überlegungen in die obige Tabelle ein.*
2. *Rekonstruieren Sie die unterschiedlichen Gleichheitsvorstellungen, die Ihrer Entscheidung pro Gleichheit jeweils zugrunde lagen.*

Platons Staat

TE

Q

Lange vor Platon waren griechische Denker und Staatsmänner aufgetreten, die vom Willen, den Staat zu reformieren, beseelt und mit tiefer politischer Weisheit begabt waren. [...] Was Platon von diesen Pionieren politischen Denkens unterschied, war nicht so sehr die von ihm gegebene Antwort, als die Frage selbst. Was die Antwort betrifft, so mögen wir sie sehr streng kritisieren. Viele Züge der platonischen Lehre, die er selbst für ewig und allgemein hielt, mögen jetzt leicht als nebensächlich erkannt werden. Sie hängen von den speziellen Bedingungen des griechischen sozialen Lebens ab. Platons dreifältige Teilung der menschlichen Seele und die entsprechende Einteilung der sozialen Klassen, seine Ansichten über die Gemeinsamkeit des Eigentums und die Gemeinsamkeit von Frauen und Kindern – all dies lässt schwere Einwände zu. Aber all diese Einwände können die fundamentale Bedeutung und Verdienstlichkeit seines politischen Werkes nicht schmälern. Seine Größe beruht auf dem neuen *Postulat*, das Platon eingeführt hat [gemeint ist das Postulat einer rationalen Theorie des Staates, das sich vom mythischen Denken abhebt – WL]. Dieses Postulat ist unvergesslich. Es drückte der ganzen zukünftigen Entwicklung des politischen Denkens seinen Stempel auf.

Platon begann seine Studie der sozialen Ordnung mit einer Definition und einer Analyse der Auffassung der Gerechtigkeit. Der Staat hat kein anderes und kein höheres Ziel, als der Vollstrecker der Gerechtigkeit zu sein. Aber in Platons Sprache bedeutet der Begriff Gerechtigkeit nicht das gleiche wie in der gewöhnlichen Sprache. Er hat eine viel tiefere und umfassendere Bedeutung. Gerechtigkeit steht nicht auf derselben Ebene wie die anderen Tugenden des Menschen. Sie ist nicht, wie Tapferkeit oder Mäßigkeit, eine spezielle Eigenschaft. Sie ist ein allgemeines Prinzip der Ordnung, der Regelmäßigkeit, der Einheit und der Gesetzmäßigkeit. Innerhalb des individuellen Lebens manifestiert sich die Gerechtigkeit in der Harmonie all der verschiedenen Seelenkräfte; innerhalb des Staates manifestiert sie sich in der „geometrischen Proportion" zwischen den verschiedenen Klassen, auf Grund welcher jeder Teil des Gesellschaftskörpers das ihm Zukommende erhält und an der Aufrechterhaltung der allgemeinen Ordnung mitwirkt. Mit dieser Konzeption wurde Platon der Begründer und der erste Verteidiger des Rechtsstaates.

(Ernst Cassirer: Der Mythus des Staates. Philosophische Grundlagen politischen Verhaltens. Fischer, Frankfurt am Main 1995, S. 90 f.)

A

1. *Was hebt Cassirer an Platons Werk „Der Staat" besonders hervor? Warum liegt aus seiner Sicht Platons fortdauernde Bedeutung eher in der Fragestellung als in der Antwort?*
2. *Wie deutet Cassirer Platons Gerechtigkeitsvorstellung? Warum ist ohne Gerechtigkeit ein wohlgeordnetes staatliches Gemeinwesen unmöglich?*
3. *Inwiefern wird Platon von Cassirer als Vorreiter der modernen Idee des Rechtsstaates gewürdigt? Verfolgen Sie, wie die Rechtsstaatsidee im liberalen Konzept von Locke weiterentwickelt wurde.*

TE

Zwei strittige Rechtsfälle

Der Fall Kimberly Mays

Q

Die 14-jährige Kimberly Mays aus Florida klagte mit dem Ziel, von ihren leiblichen Eltern geschieden zu werden.

Kimberly Mays war nach ihrer Geburt mit einem anderen Mädchen, Arlena, verwechselt worden. Niemand bemerkte die Verwechselung, bis Arlena 1988 wegen eines chronischen Herzleidens operiert werden musste und kurz darauf starb. Die pathologische Untersuchung erbrachte, dass Arlena aufgrund ihrer Blutgruppe und anderer genetischer Merkmale unmöglich die Tochter des Ehepaares Twigg, als dessen leibliche Tochter sie bis dahin aufwuchs, sein konnte. Das Ehepaar Twigg begann nun nach ihrer leiblichen Tochter zu suchen. Sie stießen auf das Ehepaar Mays, dessen Tochter am selben Tag im selben Hospital geboren wurde. Sie verlangten nunmehr auf dem Gerichtsweg vom ahnungslosen Ehepaar Mays die Herausgabe ihrer leiblichen Tochter.

Bob Mays weigerte sich, das Kind herauszugeben. Frau Mays war kurz zuvor an einem Krebsleiden gestorben. Auch Kimberly Mays weigerte sich. Unter Tränen erklärte sie: „Ich will bei meinem Papi bleiben und nicht zu diesen fremden Leuten ...“. So kam der Fall auf Richter Dakans Tisch ...

(Nach LVZ vom 27./28.08.93)

Der Fall Monika K.

Q

Ein Richter im Amtsgericht Wolfsburg entzog Monika K. das Sorgerecht für ihre Tochter, noch ehe diese geboren war und machte diese zum staatlich verordneten Waisenkind. Angeblich drohte dem Baby Gefahr durch die Mutter. Dabei ist Monika K. weder gewalttätig noch drogenabhängig oder kriminell. Auch die Gefahr, dass Monika K. ihr Kind verwahrlosen lässt, ihm nichts zu essen gibt, ist nach einem Gutachten, welches das Gericht in Auftrag gab, nicht vorhanden. Im Gegenteil, das Gutachten bescheinigte Monika K., eine liebevolle Mutter zu sein. Dennoch blieb das Gericht bei seiner Entscheidung. Nach richterlichem Ermessen ist Monika K. zu dumm und ihre Dummheit rechtfertigt das Urteil. Mit einem Intelligenzquotienten von 56, so das Gericht, erfülle Monika K. nicht die Voraussetzungen für eine eigenverantwortliche Erziehung ihres Kindes. Der juristische Terminus lautet: unverschuldetes Versagen.

Sollte das Urteil Bestand haben, bedeutet das dann, dass generell vor einer Schwangerschaft ein Intelligenztest zu bestehen ist?

(Frei nach: Drei mal drei ist elf. In: Der Spiegel Heft 47/2002, S. 76-83)

Einkommensdifferenzen in der Bundesrepublik Deutschland (ÜB)

Name	Tätigkeit bzw. Firma/Institution	Bruttomonatsgehalt
Michael Schumacher	Rennfahrer	4.8000.000 Euro
Josef Ackermann	Deutsche Bank	990.000 Euro
Michael Ballack	Profifußballer	665.000 Euro
Heidi Klum	Model, Fernsehmoderatorin	620.000 Euro
Henning Kagermann	SAP	500.000 Euro
Wulf Bernotat	Eon	480.000 Euro
Herbert Hainer	Adidas	345.000 Euro
Harald Schmidt	Entertainer	320.000 Euro
Harry Roels	RWE	315.000 Euro
Hubertus Erlen	Schering	295.000 Euro
Angela Merkel	Bundeskanzlerin	20.380 Euro
Edmund Stoiber	Ministerpräsident, Bayern	18.700 Euro
Horst Köhler	Bundespräsident	17.750 Euro
Hans-Jürgen Papier	Bundesverfassungsgericht	17.500 Euro
Jürgen Peters	IG Metall	16.900 Euro
Matthias Platzek	Ministerpräsident, Brandenburg	12.200 Euro
Kersten Borschers	Assistenzarzt	3.400 Euro
Volker Bromme	Straßenkehrer	1.600 Euro
	Hartz-IV-Empfänger	335 Euro
	Hartz-IV-Empfänger unter 25 Jahren	276 Euro

(Aus Die Zeit vom 09.03.2006)

AB

Bildungsgutschein für jeden Jugendlichen – Soll-Ist-Analyse

Welche Zielstellungen werden damit verfolgt, welche Hoffnungen knüpfen sich an die Umsetzung? (Soll)	Welche möglichen und tatsächlichen (unbeabsichtigten) Wirkungen sind zu erwarten? (Ist)
Jeder Jugendliche kann ab dem 18. Lebensjahr eigenverantwortlich über die Verwendung des Bildungsgutscheins entscheiden.	Es besteht die Gefahr, dass die Jugendlichen die Mittel aus dem Bildungsgutschein zweckentfremdet, für aktuelle Konsumbedürfnisse, einsetzen.

A

1. *Tragen Sie in die obige Tabelle ein, welche Erwartungen die Befürworter eines solchen Bildungsgutscheins für alle Jugendliche mit dessen Einführung verbinden (Soll).*
2. *Andererseits sollten Sie überlegen, was gegen die Einführung eines solchen Bildungsgutscheins spricht, welche negativen Folgen befürchtet werden, sollte es zu einer Umsetzung des Vorschlags kommen (Ist).*

Prinzipien distributiver Gerechtigkeit nach Rawls

ÜB

Art der Güter	Prinzip der Verteilung	Art der Gleichheit/ Ungleichheit	Bezug zum Gerechtigkeits-grundsatz
Grundfreiheiten	gleiche Rechte	Rechtliche Gleichstellung	Erster Gerechtigkeits-grundsatz
Ämter und Positionen	faire Chancengleich-heit	Gleichheit der gesellschaft-lichen Start-positionen	Teil b) des zweiten Gerechtigkeits-grundsatzes
Einkommen und Vermögen	Unterschieds-prinzip	Ungleich-verteilung der Einkommen unter der Bedingung, dass die Gleichvertei-lung den am schlechtesten Positionierten noch schlechter stellen würde	Teil a) des zweiten Gerechtigkeits-grundsatzes

AB

Die Idee eines bedingungslosen Grundeinkommens – Pro-/Contra-Argumentation

Argumente *für* die Einführung eines bedingungslosen Grundeinkommens für alle	Argumente *gegen* die Einführung eines bedingungslosen Grundeinkommens für alle

A *Fassen Sie die Ergebnisse der Pro-/Contra-Debatte zum bedingungslosen Grundeinkommen in obiger Tabelle zusammen.*

Rätsel Religion

In die einzelnen Felder ist einzutragen:

1	Gottes Stellvertreter auf Erden im Christentum
2	Heiliges Buch der Juden
3	Gebetshaus der Juden
4	Religionsstifter der Juden
5	Gebetshaus der Christen
6	der Name Gottes im Islam
7	Heiliges Buch der Christen
8	Entstehungsort des Christentums
9	Religionsstifter im Christentum
10	Gottes Stellvertreter auf Erden im Judentum
11	Koranabschnitt

ÜB

Spurensuche: Indizien für religiöses Bewusstsein und religiöse Haltungen

1. Haben Sie schon einmal gebetet?
2. Würden Sie sich in Bedrängnis, in seelischer Not einem Priester, Seelsorger anvertrauen?
3. Glauben Sie daran, dass es etwas gibt, was die menschliche Vernunft prinzipiell übersteigt?
4. Glauben Sie an ein Weiter-Leben nach dem Tode in irgendeiner Form?
5. Halten Sie an religiösen Feiertagen besondere Vorschriften ein?
6. Richten sich Ihre Hoffnungen nicht nur auf das Leben hier und jetzt, sondern auch auf etwas Überirdisches, Jenseitiges?
7. Sind Sie der Auffassung, dass unser Leben von irgendeiner nicht-menschlichen Kraft, einem Schicksal etc. gelenkt wird?
8. Haben Sie sich manchmal dabei ertappt, dass Sie die Ausdrücke „Oh Gott!" oder „Gott sei dank" verwendet haben?
9. Glauben Sie daran, dass Sie mit einer bestimmten Tat oder einer persönlichen Opfergabe Ihr Lebensschicksal positiv beeinflussen können?
10. Halten Sie bestimmte Essvorschriften aus anderen als Gesundheitsgründen und bestimmte Kleidungsvorschriften aus anderen als Modegründen ein?
11. Hat für Sie eine bestimmte Schrift den Stellenwert eines Heiligen Textes, eines Buches der Bücher?
12. Fühlen Sie sich einer Gemeinde Gleichgesinnter zugehörig?
13. Betreten Sie regelmäßig eine heilige Stätte?
14. Glauben Sie daran, dass der menschliche Geist nicht-natürlichen Ursprungs ist?
15. Würden Sie lieber in einer Kirche als auf dem Standesamt getraut werden, weil Ihre Beziehung dann mehr Bestand hat?
16. Glauben Sie an die Existenz eines Gottes, einer überirdischen Macht oder eines den Menschen bestimmenden Urgrundes?
17. Glauben Sie daran, dass eines Tages allen Menschen für ihre Taten „die Rechnung präsentiert" wird, sie sich für ihre Lebensführung vor einem höheren als dem irdischen Gericht verantworten müssen?
18. Sind Sie der Überzeugung, dass es in jedem Menschen als geistiges Wesen einen „göttlichen Funken" gibt?

Was man über Jesus wissen sollte

(TE)

(Q)

Zwischen dem historischen Jesus und dem gepredigten Christus besteht tatsächlich ein unüberbrückbarer Gegensatz. Der Christus, den die Kirche „verkündet“, hat bis auf den Namen nichts mit dem historischen Rabbi J. gemeinsam.

Wenn Kirche und Theologie wirklich den historischen Rabbi J. meinten, dann müssten Sie nüchtern und ohne heidnische Wundergeschichten von einem Mann sprechen, den seine Suche nach Gott zu einer streng orthodoxen und asketischen Wüstensekte führte, der in Erwartung der Wirksamkeit Gottes seine Gesinnung änderte und sich taufen ließ; der dann durch das Land zog und diesen Bußaufruf an seine Landsleute – und an niemand sonst – weitergab; dessen Anhänger ihn für den von Gott ausersehenen Befreier von den Römern und den kommenden König von Israel, den Messias, hielten und selbst als Zeloten verfolgt wurden. Sie müssten berichten, dass dieser religiös verstandene Auftrag einer politischen Befreiung, die nur dann kommen konnte, wenn das Volk die Gebote Gottes befolgte, mit Gefangenschaft und Hinrichtung des Rabbi J. durch die Römer scheiterte [...].

Wenn Kirche und Theologie wirklich den historischen Rabbi J. meinten, dann müssten sie von einem Mann sprechen, der radikale Besitzlosigkeit forderte, um dadurch um so strenger das Gesetz Moses halten zu können; sie müssten ihn als einen Mann schildern, der durch und durch Jude war und unter dem Kommen des Reiches Gottes kein geistiges Ereignis, sondern die durch Frömmigkeit herbeigezwungene Selbständigkeit des auserwählten jüdischen Volkes verstand; der Jahwe als Vater anredete, weil Gott sich nach den Berichten der Bibel selbst als Vater der Kinder Israels bezeichnet hatte, dem es aber als Juden nie eingefallen wäre, sich selbst als leiblichen Sohn Gottes anzusehen und als Mittler zwischen Mensch und Gott aufzutreten.

Wenn Kirche und Theologie wirklich den historischen Juden J. meinten, dann hätten sie von einem außergewöhnlichen Menschen sprechen müssen, der die Menschen faszinierte und der sicherlich außergewöhnliche Fähigkeiten besaß [...]. Sie hätten von einem Menschen berichten können, der anders und überzeugender von Jahwe, dem unsichtbaren und einzigen Gott, und seinem Verhältnis zu den Menschen sprach als andere.

Wenn Kirche und Theologie wirklich den historischen J. meinten, dann müssten sie mehr von Gott und weniger von Rabbi J. reden. Dann müssten sie erst jüdisch denken und empfinden, bevor sie christlich reden.

Stattdessen „verkünden“ sie einen verdunkelten und verzerrten, durch Geschichte und Tradition entstandenen „Christus“, in dem sich Rabbi J., wenn überhaupt, nur mit Erstaunen oder mit Entsetzen wiedererkennen würde. Sie sprechen vom Erlöser und vom Auferstandenen, sie nennen ihn Sohn Gottes, der unsere Sünden trägt, den Vermittler, Versöhner und Herrn; sie bekennen noch heute im Glaubensbekenntnis, er sei von einer Jungfrau geboren und in den Himmel aufgefahren, sitzend zur Rechten Gottes – und nicht bei einem einzigen Wort würde Rabbi J. sich im Spiegel wiedererkennen und sagen: Ja, das bin ich [...]. Sie reden von Gott in Christus, von seiner Einmaligkeit und dem exemplarischen, sündlosem Leben, dass er geführt hat – und jedes Mal würde Rabbi J. einen Schritt zurücktreten und sagen: ich war ein frommer Jude wie andere auch. Ich habe Gott gesucht und ich weiß nicht, ob ich ihn gefunden habe – mein Gott, mein Gott, warum hast du mich verlassen.

(Johannes Lehmann: Jesus Report. Protokoll einer Verfälschung. Econ, Düsseldorf/Wien 1970, S. 187 ff.)

(A)

1. Wie beschreibt Johannes Lehmann den historisch verbürgten Jesus?
2. Was kritisiert Lehmann am Jesus-Verständnis von christlicher Kirche und Theologie?

AB

Weltreligionen im Überblick

Name der Religion	Christentum	Islam	Judentum	Hinduismus	Buddhismus
Entstehungs-zeit	1. Jh. nach Christus	7. Jh. nach Christus	1. Jahrtausend vor Christus		
Entstehungs-ort	Palästina	Arabische Halbinsel	Israel		
Heutige Hauptverbrei-tungsgebiete	Lateinamer., Nordamerika, Osteuropa, Mittel- und Westeuropa	Nordafrika, Naher Osten, Zentralasien, Albanien, USA Westeuropa	Israel, USA, Russland, Osteuropa, Großbritan-nien, Frank-reich		
Zahl der Gläubigen	zirka 2,2 Milliarden	zirka 1,4 Milliarden	zirka 13,5 Millionen		
Richtungen im Rahmen der Religion	Röm.-kathol. Luth.-evang. Russ.-orthod.	Schiiten Sunniten	Orthodoxes Judentum, Reform-judentum		
Name Gottes	dreieiniger Gott	Allah	JHWH		
Religions-stifter/ Prophet	Jesus	Mohammed	Moses		
Heilige Stätten	Jerusalem, Rom	Mekka, Medina, Jerusalem	Jerusalem		
Heiliges Buch	Bibel	Koran	Tora		
Verkünder von Gottes Wort auf Erden	Priester Pfarrer	Imam	Rabbiner		
Name des Ge-betshauses	Kirche	Moschee	Synagoge		
Symbol	Kreuz	Halbmond	Davidstern		
Besondere Kulthand-lungen	Taufe, Abend-mahl	Pilgerreise nach Mekka	Beschneidung, Bar Mitzwa		
Jenseits-vorstellungen					

A

1. *Ergänzen Sie die Übersicht um Angaben zum Hinduismus und Buddhismus.*
2. *Nutzen Sie die Lehrbuch-Texte (S. 198 ff.), um die Jenseitsvorstellungen der verschiedenen Weltreligionen zu rekonstruieren. Tragen Sie die Ergebnisse stichpunktartig in die unterste Zeile der Tabelle ein.*

Religiöser Fundamentalismus

(AB)

Religiöser Fundamentalismus ist keine Erfindung und auch kein Privileg des Islam.
Der Begriff Fundamentalismus kommt aus den USA, wo evangelische Christen von 1911–1915 eine Schriftenreihe mit dem Titel „The Fundamentals" herausgaben, welche die fundamentalen Wahrheiten der christlichen Religion propagierte. Diese Wahrheiten lauten:

1. Die Heilige Schrift ist buchstäblich unfehlbar und bar jedes Irrtums.
2. Moderne Theologie und Naturwissenschaften sind nichtig, sofern sie dem Bibelglauben widersprechen.
3. Niemand, der vom fundamentalen Glauben abweicht, kann ein wahrer Christ sein.
4. Die Trennung von Kirche und Staat ist zugunsten der Kirche aufzuheben, wenn politische Prinzipien fundamentalen religiösen Überzeugungen widersprechen.

Später wurde die Bezeichnung Fundamentalismus auf vergleichbare Erscheinungen in anderen Religionen und Bewegungen übertragen.

(A)

1. *Geben Sie den Inhalt der „vier Wahrheiten" mit eigenen Worten wieder.*
2. *Rekonstruieren Sie ausgehend von einer Deutung der „vier Wahrheiten" generelle Merkmale von religiösem Fundamentalismus, die für unterschiedliche Weltreligionen zutreffen.*

(P)

Nutzen Sie die herausgearbeiteten Merkmale als Indizien, um im Internet zu recherchieren, ob und inwiefern in unserer Gesellschaft Erscheinungsformen von religiösem Fundamentalismus zu verzeichnen sind.

3. *Transformieren Sie die Merkmale des Fundamentalismus zunächst in Suchbegriffe, unter denen Sie fündig werden könnten: Ergänzen Sie die folgende Liste um weitere Suchbegriffe:*

- Darwins Evolutionslehre
- Abtreibung
- Christliche Werte
- Islamisches Recht
- ______________________________
- ______________________________
- ______________________________
- ______________________________
- ______________________________
- ______________________________
- ______________________________
- ______________________________
- ______________________________

4. *Notieren Sie Ihre Suchergebnisse, geordnet nach Religionen, auf Karteikarten.*
5. *Stellen Sie die Recherche-Ergebnisse in der Gruppe vor.*

AB

Was bedeutet religiöse Toleranz?

Q

Durch den Fundamentalismus wird der ethische Grundgedanke und die ethische Verpflichtung einer jeden Religion in eklatanter Form in Frage gestellt.

Im Zuge der Religionsfreiheit ist zwischen dem inneren Menschen, dem Menschen in seiner Innerlichkeit, und dem äußeren Menschen zu unterscheiden.

Für den inneren Menschen sind seine religiösen Grundsätze unbedingt und ohne Abstriche gültig und zu respektieren. Sie bilden die Basis seiner Gewissensentscheidung.

Für den äußeren oder den sich entäußernden Menschen jedoch ist charakteristisch, dass er mit anderen zusammenlebt und dass dieses Zusammenleben nur dann gelingen kann, wenn es auf der Grundlage geltender Rechtsordnung, gegenseitiger Anerkennung und Toleranz erfolgt. Dies ist jedoch unmöglich, wenn die unbedingte Gewissensbildung des inneren Menschen durch seine Religion nicht akzeptiert und nicht respektiert wird. Der ethisch-religiöse Lebenshorizont eines jedes Menschen erwächst eben aus der innerlich empfundenen Handlungsverpflichtung.

(Nach Hermann Deuser: Religion und Politik. Zur theologischen Kritik des religiösen Fundamentalismus. In: Stefan Alkier/ Hermann Deuser/ Gesche Linde: Religiöser Fundamentalismus. Analysen und Kritiken. Franke, Tübingen 2005, S. 8 f.)

A

1. *Warum wird durch den Fundamentalismus die ethische Verpflichtung, die in jeder Religion angelegt ist, in eklatanter Weise in Frage gestellt?*

___

___

___

___

2. *Welche Momente kennzeichnen laut obigem Text den inneren und welche den äußeren Menschen, wie hängen beide Momente zusammen?*

___

___

___

3. *An welche Voraussetzungen ist nach Meinung der Autoren religiöse Toleranz gebunden? Welche Voraussetzungen halten Sie selbst für unverzichtbar? Begründen Sie Ihre Auffassung.*

___

___

___

___

Religion als Haltegriff

TE

In ihrem Roman über die Weltreligionen lässt Catharine Clement Theo den folgenden Dialog mit seiner Tante führen.

Q

„Warum sind die Fundamentalisten nicht einmal tolerant?"

„Fanatismus wächst meist da, wo das größte Elend herrscht. Nimm die in den Elendsvierteln, zum Beispiel in Bombay oder in Kairo. Sie kommen aus ihrem Dorf, weil sie nichts mehr besitzen. In der letzten Trockenperiode ist ihr Vieh gestorben und die Saat nicht aufgegangen. Sie sind ohne Arbeit und haben nichts mehr zu essen. Sie haben ihre Felder verlassen, um in der Stadt Arbeit zu finden. Eine Illusion. Sie sind in die Falle gegangen, sie haben alles verloren: ihr Dorf, ihre Herde, ihre Bäume und Felder, nur ihre Religion nicht."

„Aber was kann die ihnen nützen?"

„Sie hilft ihnen, um sich herum eine halbwegs funktionierende Welt zu schaffen. Im Tempel oder in der Moschee befindet man sich in einer Gemeinschaft. Zu Hause kann man die kleinen Kultgegenstände aufstellen: ein Bild, eine Kalligrafie, Götterstatuen. Und dann kommen die Vertreter der jeweiligen Religion, die sich um die Armen kümmern, denn die fundamentalistischen Bewegungen betreiben mit bemerkenswerter Ausdauer Armenhilfe. Nur ist die selten umsonst. Die Unglücklichen sind von den Kirchenvertretern wirtschaftlich abhängig, und auf diese Weise entsteht nur allzu oft Fanatismus."

„Die religiösen Führer manipulieren also", folgerte Theo.

„Ganz so einfach ist es nicht. Die Kirchenvertreter haben klar erkannt, dass Armut vor allem ein Problem der Vorstädte ist. Im Jahre 2020 werden wir sechs Milliarden Menschen auf der Erde sein, und die Hälfte davon wird sich in Riesenstädten zusammenballen. Drei Milliarden! Aber niemand weiß eine Lösung. Den Armen in den Slums hilft die Religion, die bereit ist, die Besitzlosen zu trösten. Sie wärmt die Herzen und nährt die Hoffnung. Verstehst Du?"

(Catherine Clement: Theos Reise. dtv, München 2000, S. 460 f.)

A

1. *Welche Ursachen für das Entstehen von Fundamentalismus nennt Catherine Clement?*
2. *Vergleichen Sie diesen Ansatz mit der von Huntington vertretenen Position, dass sich im religiösen Fundamentalismus der Kampf der Kulturen niederschlägt.*
3. *Ergänzen Sie die genannten Gründe um solche, die Sie selbst für bedeutsam halten. Berücksichtigen Sie dabei auch, dass religiöser Fundamentalismus nicht allein in Entwicklungsländern gedeiht, sondern historisch wie aktuell zum Teil aus der Mitte westlicher Länder erwächst.*

TE

Feuerbachs Religionskritik: „Das Geheimnis der Theologie ist die Anthropologie“

Q

Wenn aber die Religion, das Bewusstsein Gottes, als das Selbstbewusstsein des Menschen bezeichnet wird, so ist dies nicht so zu verstehen, als wäre der religiöse Mensch sich selbst bewusst, dass sein Bewusstsein von Gott das Selbstbewusstsein seines Wesens ist, denn der Mangel dieses Bewusstseins begründet eben das eigentümliche Wesen der Religion. Um diesen Missverstand zu beseitigen, ist es besser zu sagen: die Religion ist das *erste* und zwar *indirekte Selbstbewusstsein* des Menschen. Die Religion geht daher überall der Philosophie voran, wie in der Geschichte der Menschheit, so auch in der Geschichte des Einzelnen. Der Mensch verlegt sein Wesen außer sich, ehe er es in sich findet. Das eigene Wesen ist ihm zuerst als anderes Wesen Gegenstand. Die Religion ist das *kindliche Wesen* der Menschheit [...].

Wir haben bewiesen, dass der *Inhalt* und *Gegenstand* der Religion ein durchaus *menschlicher* ist, bewiesen, dass das *Geheimnis der Theologie die Anthropologie*, des göttlichen Wesens das menschliche Wesen ist. Aber die Religion hat nicht das Bewusstsein von der Menschlichkeit ihres Inhalts; sie setzt sich vielmehr dem Menschlichen entgegen, oder wenigstens sie *gesteht nicht ein*, dass ihr Inhalt menschlicher ist. Der notwendige Wendepunkt der Geschichte ist daher dieses *offne Bekenntnis und Eingeständnis*, dass das Bewusstsein Gottes nichts anderes ist als das Bewusstsein der Gattung, dass der Mensch sich nur über die Schranke seiner Individualität oder Persönlichkeit erheben kann und soll, aber nicht über die Gesetze, die *Wesensbestimmungen seiner Gattung*, dass der Mensch kein anderes Wesen als *absolutes*, als *göttliches Wesen* denken, ahnden, vorstellen, fühlen, glauben, wollen, lieben und verehren kann als das *menschliche Wesen.*

Unser Verhältnis zur Religion ist daher kein nur verneinendes, sondern ein kritisches; wir scheiden nur das Wahre vom Falschen [...]. Die Religion ist das erste Selbstbewusstsein des Menschen. Heilig sind die Religionen, eben weil sie die Überlieferungen des ersten Bewusstseins sind. Aber was der Religion das erste ist, Gott, das ist, wie bewiesen, an sich, der Wahrheit nach das Zweite, denn er ist nur das sich *gegenständliche Wesen* des Menschen, und was ihr das Zweite, der Mensch, das muss daher *als das Erste gesetzt und ausgesprochen* werden. Die Liebe zum Menschen darf keine abgeleitete sein; sie muss zur *ursprünglichen* werden. Dann allein wird die Liebe eine *wahre, heilige, zuverlässige* Macht. Ist das Wesen des Menschen das *höchste* Wesen des Menschen, so muss auch praktisch das *höchste* und *erste Gesetz* die *Liebe des Menschen zum Menschen sein.*

(Ludwig Feuerbach. Das Wesen des Christentums. Reclam, Stuttgart 1988, S. 53, S. 400 f.)

A

1. *Warum ist Feuerbachs Verhältnis zur Religion kein bloß verneinendes, sondern ein kritisches, was würdigt Feuerbach an der Religion?*
2. *Wie kritisiert Feuerbach die Religion, inwiefern ist sie als ein erstes kindliches menschliches Selbstbewusstsein zu verstehen? Was versteht Feuerbach in diesem Zusammenhang unter Vergegenständlichung bzw. Entfremdung?*
3. *Worin unterscheidet sich der Mensch als Individuum vom menschlichen Gattungswesen? Welche Gattungsmerkmale hebt Feuerbach hervor?*
4. *Wie wäre mit Feuerbach das christliche Gebot der Menschenliebe zu transformieren? Wenden Sie bezogen auf den religiösen Grundsatz „Gott ist Liebe“ die Feuerbachsche Methode der Umkehrung von Subjekt („das Erste“) und Prädikat („das Zweite“) an.*

Individualismus ersetzt Tradition

(TE)

In unserer Zeit vollziehen sich in den Lebensmodellen der einzelnen Menschen große Veränderungen: War es früher die Familie mit ihren starken Bindungen, gibt es heute immer mehr Patchworkfamilien oder überzeugte Singles. Die moderne Arbeitswelt erfordert hohe Flexibilität und Mobilität. Viele junge Menschen verlassen ihre Heimat, um in anderen Städten oder Ländern zu arbeiten. Freunde, Nachbarn oder Arbeitskollegen werden oftmals danach ausgewählt, ob sie Vorteile bringen oder die gleichen Anschauungen und Interessen haben. Jeder kann sich sein Leben nach seinem Geschmack selbst einrichten. Das gilt nicht zuletzt auch für die Religion. Immer mehr Menschen wenden sich von den traditionellen Kirchen und ihren überlieferten Werten ab. Sie halten die alten Formen der Religion für nicht mehr zeitgemäß und suchen lieber ihren eigenen Weg. Die religiöse Vielfalt erscheint fast wie ein Supermarkt – man kann Religion wie eine Ware kaufen, ausprobieren und bei Nichtgefallen wieder aufgeben. Oder man mixt sich aus verschiedenen Elementen seine eigene Religion zusammen. Medienstars machen es vor: Cat Stevens konvertierte zum Islam und nennt sich jetzt Yussuf Islam, Richard Gere ist erklärter Buddhist und Madonna schwört auf die Kabbala, eine mystische Lehre des Judentums.

Woran glauben Sie?

(Q)

Welche Einstellungen zur Religiosität gibt es bei in Deutschland lebenden Jugendlichen heute? Laut Shell-Jugendstudie 2006 werden von den 12–25Jährigen folgende Auffassungen vertreten:

- 30 % Es gibt einen persönlichen Gott.
- 28 % Ich glaube nicht, dass es einen persönlichen Gott oder eine überirdische Macht gibt.
- 23 % Ich weiß nicht richtig, was ich glauben soll.
- 19 % Es gibt eine überirdische Macht.

(Jugend 2006. Hg. von Shell Deutschland Holding. Fischer TBV, Frankfurt 2006, S. 208)

(A)

1. *Überdenken Sie Ihre eigene Einstellung zur Religion. Welche Bedeutung hat Religiosität in Ihrem Leben? Wonach suchen Sie, was wünschen Sie sich? Haben Sie schon einen Weg gefunden?*
2. *Wie würden Sie ihr Verhältnis zu den in Deutschland ansässigen Kirchen beschreiben?*
3. *Ziehen Sie die Ergebnisse der Shell-Jugendstudie 2010 heran, um zu überprüfen, ob sich im Verhältnis der Jugendlichen zur Religion seit 2006 Veränderungen vollzogen haben.*

TE

Der Stufenbau des Organischen und der Mensch

Q

Helmut Plessner (1892–1985) entwickelt in seinem Werk „Die Stufen des Organischen und der Mensch" anhand der Einordnung des Menschen in den Stufenbau des Lebendigen eine auf die Ergebnisse der Biologie gestützte *Anthropologie*.

Alles Lebendige zeichnet sich durch seine *Potentialität* aus, d.h., es setzt das in ihm Seiende gegen die außer ihm bestehende Umwelt ab, auf die es bezogen ist und von der es Rückwirkungen empfängt.

Bei der *Pflanze* ist die Organisationsform offen, d.h. sie gliedert sich in ihren Lebensbezügen unmittelbar abhängig der Umgebung ein. Die geschlossene Form der *Tiere* dagegen zentriert den Organismus stärker auf sich selbst durch die Ausbildung von Organen, Selbstbeweglichkeit, Trennung von Sensorik und Motorik, und dem damit verbundenen Zentralorgan (Gehirn). Ihre Positionalität ist *zentrisch*, weil das Tier nicht aus seiner Lebensmitte heraustreten kann.

Der *Mensch* bezeichnet sich durch seine exzentrische Position aus, da er sich kraft seiner *Reflexivität* zu sich selbst verhalten kann. Er erfasst sich so unter einem dreifachen Aspekt:

als gegenständl. *Körper*, als *Selbst* (Seele) im Körper und als *Ich*, von dem aus er die exzentr. Position zu sich einnehmen kann.

Aufgrund der Distanz, die der Mensch so zu sich hat, ist sein Leben eine von ihm selbst zu vollziehende Aufgabe. Er muss erst aus sich machen, was er ist und ist daher von Natur auf *Kultivierung* angelegt und angewiesen.

Natur und Kultur, Sinnlichkeit und Geistigkeit sind beim Menschen stets vermittelt. Durch Nachahmung nimmt er gesellschaftlich bedingte Rollen ein, durch die er sich überlieferte Verhaltens- und Sinnentwürfe aneignet, die gleichwohl der Verwandlung unterliegen und daher schöpf. Gestaltung im Rollenspiel offen sind.

(Peter Kunzmann u. a.: dtv-Atlas zur Philosophie. Tafeln und Texte. dtv, München 1993, S. 230 f.)

A

1. *Was wird im Rahmen von Plessners Anthropologie als Kennzeichen alles Lebendigen angesehen?*
2. *Wodurch zeichnet sich nach Plessner die menschliche Lebensform im Verhältnis zu der von Pflanzen und Tieren aus?*
3. *Deuten Sie seine These, dass das Leben des Menschen eine von ihm selbst zu vollziehende Aufgabe ist, dass der Mensch erst aus sich machen muss, was er ist.*
4. *Stellen Sie anhand von Beispielen aus dem Bereich menschlicher Bedürfnisbefriedigung dar, dass Natur und Kultur beim Menschen stets vermittelt sind.*

Mitleid als Fundament der Moral*

TE

Für Schopenhauer ist die egoistische Triebnatur des Menschen eine unleugbare Tatsache. Er fragt aber danach, ob es etwas in unserer Natur gibt, das uns veranlassen könnte, diese egoistischen Triebe zu überwinden und das Wohl des Anderen in den Blick zu nehmen.

Q

[...] wie ist es irgend möglich, daß das Wohl und Wehe eines Andern, unmittelbar, d.h. ganz so wie sonst nur mein eigenes, meinen Willen bewege, also direkt mein Motiv werde, und sogar bisweilen in dem Grade werde, daß ich demselben mein eigenes Wohl und Wehe, diese sonst alleinige Quelle meiner Motive, mehr oder weniger nachsetze? – Offenbar nur dadurch, daß jener Andere der letzte Zweck meines Willens wird, ganz so wie sonst ich selbst es bin: also dadurch, daß ich ganz unmittelbar sein Wohl will und sein Wehe nicht will, so unmittelbar, wie sonst nur das meinige. Dies aber setzt nothwendig voraus, daß ich bei seinem Wehe als solchem geradezu mit leide, sein Wehe fühle, wie sonst nur meines und deshalb sein Wohl unmittelbar will, wie sonst nur meines. Dies erfordert, daß ich auf irgend eine Weise mit ihm identificirt sei, d.h. daß jener gänzliche Unterschied zwischen mir und jedem Andern, auf welchem gerade mein Egoismus beruht, wenigstens in einem gewissen Grade aufgehoben sei. Da ich nun aber doch nicht in der Haut des Andern stecke, so kann allein vermittelst der Erkenntniß, die ich von ihm habe, d.h. der Vorstellung von ihm in meinem Kopf, ich mich so weit mit ihm identificiren, daß meine That jenen Unterschied als aufgehoben ankündigt. Der hier analysirte Vorgang aber ist kein erträumter, oder aus der Luft gegriffener, sondern ein ganz wirklicher, ja keineswegs seltener: es ist das alltägliche Phänomen des Mitleids, d.h. der ganz unmittelbare, von allen anderweitigen Rücksichten unabhängigen Theilnahme zunächst am Leiden eines Andern und dadurch an der Verhinderung oder Aufhebung dieses Leidens, als worin zuletzt alle Befriedigung und alles Wohlseyn und Glück besteht. Dieses Mitleid ganz allein ist die wirkliche Basis aller freien Gerechtigkeit und aller ächten Menschenliebe. Nur sofern eine Handlung aus ihm entsprungen ist, hat sie moralischen Werth: und jede aus irgend welchen andern Motiven hervorgehende hat keinen. Sobald dieses Mitleid rege wird, liegt mir das Wohl und Wehe des Andern unmittelbar am Herzen, ganz in der selben Art, wenn auch nicht stets in dem selben Grade, wie sonst allein das meinige: also ist jetzt der Unterschied zwischen ihm und mir kein absoluter mehr.

(Arthur Schopenhauer: Über die Grundlage der Moral. In: Kleinere Schriften II, Diogenes, Zürich 1977, S. 247 f.)

A

1. *Wie beschreibt Schopenhauer die Natur des Menschen, welche widerstrebenden Antriebe hält sie bereit?*
2. *Welche Triebfedern im Menschen stehen dem moralischen Handeln entgegen, wann gewinnt unser Handeln hingegen eine moralische Qualität?*
3. *Erläutern Sie, warum Mitleid laut Schopenhauer als wirkliche Basis und Triebfeder des moralischen Handelns anzusehen ist. Was ist dabei unter Mitleid zu verstehen?*

AB

Woher der Mensch kommt – eine Positionierung

A *Kennzeichnen Sie die aus Ihrer Sicht zutreffende Position. Wenn Sie sich unsicher sind, nutzen Sie die Antwortmöglichkeit „Weiß nicht".*

Positionen zur Frage „Woher kommt der Mensch"?	Die dargestellte Position trifft zu (+), nicht zu (-)	Weiß nicht (?)
1. Der Mensch ist als Teil der Natur selbst natürlichen Ursprungs.		
Der Mensch ist als seelisches Wesen Abbild Gottes und Gottes Schöpfung.		
2. Die Frage nach dem Ursprung des Menschen ist wissenschaftlich nicht beantwortbar.		
Die Frage nach dem Ursprung ist wie alle anderen Fragen prinzipiell der wissenschaftlichen Erkenntnis zugänglich.		
3. Was der Mensch ist bzw. was er idealerweise sein soll, hat mit der Frage nach seinem Ursprung, seiner Herkunft aus der Natur nichts zu tun.		
Die Antwort auf die Frage, woher der Mensch kommt, bietet auch den Schlüssel zum Wesen des Menschen und dem, was er tun soll.		
4. Zwar mag der Mensch als Lebewesen der Natur angehören, seine eigentlich menschlichen Eigenschaften wie Sprache und Geist sind aber nichtnatürlichen Ursprungs.		
Der Mensch ist auch mit seinen höchsten Fähigkeiten – als mit Sprache und Bewusstsein begabtes Lebewesen – ein natürliches Produkt der Evolution.		
5. Es wird nie eine erschöpfende, allgemein anerkannte wissenschaftliche Erklärung für die Entstehung des Menschen geben.		
Es wird einmal eine befriedigende, allgemein anerkannte wissenschaftliche Erklärung für die Entstehung des Menschen geben.		
6. Der Mensch ist zwar aus der Natur heraus entstanden, er macht sich heute aber mehr und mehr von ihr unabhängig und bestimmt sich selbst.		
Der Mensch, selbst ein Naturprodukt, bleibt immer auf die Natur verwiesen und findet seine Bestimmung im Dienst an der Natur.		
7. Die Entstehung des menschlichen Bewusstseins ist ein gesetzmäßiges Produkt der natürlichen Evolution.		
Das menschliche Bewusstsein ist rein zufällig entstanden, der Mensch ist daher keinesfalls als gesetzmäßiges Resultat der biologischen Evolution zu betrachten.		

Standpunkte zur Willensfreiheit – Für und Wider

(AB)

Standpunkt zur Willensfreiheit	Typ der Argumentation	Argumente dafür	Argumente dagegen
Man muss den Menschen freien Willen zusprechen, denn ohne Willensfreiheit gibt es keinen Verdienst/keine Sünde, keine gerechte Strafe/keinen gerechten Lohn.	Ethische		
Die Willensfreiheit ist etwas, was mit naturwissl. Tatsachen nicht übereinstimmt und deshalb auch nicht angenommen werden sollte.	Naturwissl.-faktische		
Wir sind willensfrei, weil wir uns frei fühlen.	Subjektiv-emotivistische		
Wir sind frei, weil es unmöglich ist, unsere Handlungen vorherzusagen.	Indeterministische		
Nur wenn der Mensch sich frei in Schuld und Sünde verstrickt, kann er von Gott erlöst werden und auferstehen.	Theologische		
Willensfreiheit ist für den Menschen charakteristisch, soweit er als vernünftiges Wesen das Gesetz selbst wählt	Rationalistische		

AB

Erkenntnisse der Naturwissenschaft als „Kränkungen der menschlichen Natur“

A *Tragen Sie in die freien Spalten ein, durch welche Erkenntnisse der Naturwissenschaften überkommene Selbstbilder des Menschen in Frage gestellt wurden und zu welchen Modifikationen des menschlichen Selbstverständnisses dies geführt hat.*

Altes Selbstverständnis der menschlichen Natur	Erkenntnisse der Naturwissenschaften	Modifikationen des Selbstverständnisses des Menschen
Der Mensch steht im Mittelpunkt des Universums.		
Der Mensch steht als Gottes Geschöpf über der Natur.		
Menschen und Tiere sind wesensverschieden.		
Menschen sind moralische Wesen, die auf andere Rücksicht nehmen.		
Menschen sind als triebentbundene Wesen zu rationaler Selbststeuerung fähig.		
Menschen handeln autonom und selbstbestimmt.		
Menschen sind in der Lage, die Wirklichkeit adäquat zu erkennen.		
Die menschliche Seele ist etwas Immaterielles, was sich durch die Natur nicht erklären lässt.		

Ein Schlüssel zum Wesen des Menschen – das Symbol

TE

Ernst Cassirer greift bei der Bestimmung des Menschen auf Erkenntnisse des Biologen Uexküll zurück.

Q

Jeder Organismus, auch der niedrigste, ist nicht nur [...] an seine Umgebung „angepasst", sondern in diese Umgebung ganz und gar „eingepasst". Entsprechend seiner anatomischen Struktur besitzt es ein bestimmtes „Merknetz" und ein bestimmtes „Wirknetz". Ohne das Zusammenspiel und das Gleichgewicht zwischen diesen beiden Systemen oder Netzen könnte der Organismus nicht überleben. [...]

Lässt sich das von Uexküll entworfene Schema auch auf die Beschreibung und Bestimmung der *menschlichen Welt* anwenden? Offensichtlich stellt diese Welt keine Ausnahme von den biologischen Grundprinzipien dar, die das Leben aller Organismen beherrschen. Aber in der Menschenwelt stoßen wir auf ein neues Merkmal, welches das eigentliche Kennzeichen menschlichen Lebens zu sein scheint. Der „Funktionskreis" ist beim Menschen nicht nur quantitativ erweitert; er hat sich auch qualitativ gewandelt. Der Mensch hat gleichsam eine neue Methode entdeckt, sich an seine Umgebung anzupassen. Zwischen dem Merknetz und dem Wirknetz, die uns bei allen Tierarten begegnen, finden wir beim Menschen ein drittes Verbindungsglied, das wir als „Symbolnetz" oder Symbolsystem bezeichnen können. Diese eigentümliche Leistung verwandelt sein gesamtes Dasein. Verglichen mit den anderen Wesen, lebt der Mensch nicht nur in einer reicheren, umfassenderen Wirklichkeit; er lebt sozusagen in einer neuen *Dimension* der Wirklichkeit. Es besteht ein unverkennbarer Unterschied zwischen organischen „reactions" (Reaktionen) und menschlichen „responses" (Antwort-Reaktionen). Im ersten Fall wird direkt, unmittelbar eine Antwort auf einen äußeren Reiz gegeben; im zweiten Fall wird die Antwort aufgeschoben. Sie wird unterbrochen und durch einen langsamen, komplexen Denkprozess verzögert. [...] Der Mensch [...] lebt nicht mehr nur in einem bloß physikalischen, sondern in einem symbolischen Universum. Sprache, Mythos, Kunst und Religion sind Bestandteile dieses Universum. [...] Der Mensch kann der Wirklichkeit nicht mehr unmittelbar gegenübertreten; er kann sie nicht mehr als direktes Gegenüber betrachten. Die physische Realität scheint in dem Maße zurückzutreten, wie die Symboltätigkeit des Menschen an Raum gewinnt. Statt mit Dingen hat es der Mensch nun gleichsam ständig mit sich selbst zu tun. [...]

Unter diesem Gesichtspunkt, den wir hiermit bezeichnet haben, können wir die klassischen Definitionen des Menschen korrigieren und erweitern. [...] Der Begriff der Vernunft ist höchst ungeeignet, die Formen der Kultur in ihrer Fülle und Mannigfaltigkeit zu erfassen. Alle diese Formen sind symbolische Formen. Deshalb sollte wir den Menschen nicht als animal rationale, sondern als animal symbolicum definieren.

(Ernst Cassirer: Versuch über den Menschen. Meiner, Hamburg 1996, S. 48 ff.)

A

1. *Welche biologischen Grundprinzipien sind nach Uexküll für alle lebenden Organismen, die menschliche Lebensform eingeschlossen, charakteristisch?*
2. *Welche Besonderheit weist der Mensch als symbolproduzierendes Wesen im Verhältnis zu den übrigen Lebewesen auf? Was unterscheidet die menschliche Antwort-Reaktion von tierischen Reaktionen?*
3. *Worin unterscheidet sich Cassirers Definition des Menschen als animal symbolicum von der klassischen Definition als animal rationale?*

TE

Was ist „menschlich“? – Zur Änderung der Verhaltenweisen beim Essen

Über das Verhalten bei Tisch im 15. Jahrhundert

Q

I Lerne diese Regel.
II Schneide und reinige dir die Nägel, der Schmutz ist beim Kratzen gefährlich.
III Wasche dir die Hände nach dem Aufstehen und vor jeder Mahlzeit.
XII Greife nicht als erster auf die Schüssel.
XIII Was du im Mund gehabt hast, leg nicht aufs Geschirr zurück.
XIV Biete nicht jemand von dem Stück an, von dem du abgebissen hast.
XXIV Sei bei Tisch friedlich, höflich und nicht zu laut.
XXVI Hast du Brot ins Weinglas gebrockt, trink alles aus oder gieß es weg.
XXXIV Stopf nicht zu viel in dich, sonst bist du gezwungen, dich schlecht aufzuführen.

(Aus Norbert Elias: Über den Prozess der Zivilisation, Bd.1, Suhrkamp, Frankfurt/Main 1989, S. 115 f.)

Aus der Braunschweiger Hofordnung von 1589

Q

Dergleichen dass niemand, der sei er auch wer er wolle, unter, nach oder vor den Mahlzeiten, spät oder früh, die Wendelsteine, Treppen, Gänge und Gemächer mit dem Urin oder anderem Unflath verunreinigen, sondern wegen solcher Nothdurft an bebührliche, verordnete Orte gehen thue.

(Aus Norbert Elias: Über den Prozess der Zivilisation. A.a.O., S. 177)

Was die Verhaltensweisen in Bewegung geraten lässt

Q

Spätestens vom 16. Jahrhundert ab sind die Gebote und Verbote, durch die man den Einzelnen entsprechend dem Standard der Gesellschaft zu formen sucht, dauernd in Bewegung. [...] Die Manierenschriften des 16. Jahrhunderts sind Verkörperungen der neuen höfischen Aristokratie, die aus Elementen verschiedener sozialer Herkunft langsam zusammenwächst. [...] Das drängt [...] zu einer weiteren Verfeinerung und Fortbildung des Verhaltens. Und von diesem Mechanismus: Entwicklung höfischer Gebräuche, Ausbreitung nach unten, leichte soziale Deformation, Entwertung als Unterscheidungsmerkmal, erhält die dauernde Bewegung der Verhaltensweisen in der Oberschicht einen Teil ihrer Antriebe.

(Aus Norbert Elias: Über den Prozess der Zivilisation. A.a.O., S. 133 ff.)

A

1. *Zeichnen Sie die einschneidenden Veränderungen der Ess- und Tischsitten in der frühen Neuzeit nach, die durch die Texte dokumentiert werden.*
2. *Recherchieren Sie zu der Frage, ob auch in unserer Zeit bestimmte Änderungen von Standards bezogen auf das äußere Verhalten und die Umgangsformen der Menschen zu beobachten sind. Nutzen Sie für Ihre Recherche etwa die Spalte In/Out in Boulevard-Zeitungen als Datengrundlage.*

ÜB

Technischer und menschlicher Fortschritt

Kriterien des Fortschritts	Gewinn-Chancen	Verlust-Risiko
1. technischer Fortschritt	• bessere Erfüllung technischer Funktionen	• höhere Störanfälligkeit • Abhängigkeit von Experten
2. ökonomischer Fortschritt	• Einsparung von Arbeitszeit • Gewinnmaximierung	• Ende der Arbeitsgesellschaft • Verdrängung technologie-schwacher Firmen vom Markt
3. sozialer Fortschritt	• Technik als Anzeiger des gesellschaftlichen Entwicklungsstandes • Entwicklung hin zur Weltgesellschaft	• von der Entwicklung abgehängte Regionen • weltweite Terrornetzwerke
4. menschlicher Fortschritt	• Befreiung von Übeln (Hunger/ Krankheiten) • bessere Befriedigung menschlicher Grundbedürfnisse	• Technik als Destruktivkraft • Überforderung durch Technik • Überwachungsstaat
5. kultureller Fortschritt	• Technik als Mittel der Naturbeherrschung	• negative Spätfolgen für die Menschheit

(TE) Das Menschenbild des technischen Zeitalters – Sieg des homo faber

(Q) [In früheren Zeiten], so fanden wir, war die Technik ein angemessener Zoll an die Notwendigkeit, nicht die Straße zum erwählten Ziel der Menschheit – ein Mittel mit einem endlichen Grad der Angemessenheit an wohldefinierte naheliegende Zwecke. Heute, in der Form der modernen Technik, hat sich *techne* in einen unendlichen Vorwärtsgang der Gattung verwandelt, in ihr bedeutsamstes Unternehmen, in dessen fortwährend sich selbst überbietendem Fortschreiten zu immer größeren Dingen man den Beruf des Menschen zu sehen versucht ist, und dessen Erfolg maximaler Herrschaft über die Dinge und über den Menschen selbst als die Erfüllung seiner Bestimmung erscheint. So bedeutet der Triumpf des *homo faber* über sein äußeres Objekt zugleich seinen Triumpf in der inneren Verfassung des *homo sapiens*, von dem er einst ein dienender Teil zu sein pflegte. Mit anderen Worten, auch abgesehen von ihren objektiven Werken nimmt die Technologie ethische Bedeutsamkeit an durch den zentralen Platz, den sie jetzt im subjektiven menschlichen Zweckleben einnimmt.

[...] Was immer sonst zur Fülle des Menschen gehört, wird an Prestige überstrahlt durch die Ausdehnung seiner Macht, und so ist diese Ausdehnung, indem sie mehr und mehr der Kräfte des Menschen an ihr Geschäft bindet, begleitet von einer Schrumpfung seines Selbstbegriffs und Seins. In dem Bilde, das er von sich selbst unterhält – der programmatischen Vorstellung, die sein aktuelles Sein so sehr bestimmt wie sie es spiegelt – ist der Mensch jetzt immer mehr der Hersteller dessen, was er hergestellt hat, und der Tuer dessen, was er tun kann – und am meisten der Vorbereiter dessen, was er demnächst zu tun imstande ist.

(Hans Jonas: Das Prinzip Verantwortung. Versuch einer Ethik für die technologische Zivilisation. Suhrkamp, Frankfurt am Main 1984, S. 31 f.)

(A)
1. *Erläutern Sie, was unter dem Menschen als homo faber zu verstehen ist.*
2. *Was bedeutet es nach Jonas, dass die Technik vom Mittel zum Selbstzweck, der homo faber vom Diener zum Herrn über den Menschen wird?*
3. *Warum schrumpft im technologischen Zeitalter der Selbstbegriff, das Selbstverständnis des Menschen? Welche anderen menschlichen Seins- und Betätigungsweisen geraten in dieser Macher-Perspektive mehr und mehr aus dem Blick?*

Männer- und Frauenbilder

AB

Es gibt alltägliche Zuschreibungen für Männer und Frauen. Dabei bedienen wir uns manchmal der gleichen Worte und meinen doch unterschiedliches.

Frauen-/Männersache	Frau	Mann
Ein(e) nette(r)		
Ein(e) starke(r)		
Ein(e) richtige(r)		
Ein(e) moderne(r)		
Typisch Mann/Frau		

A

1. *Notieren Sie in den vorgesehenen Spalten, welche Eigenschaften bzw. Merkmale Sie Frauen und Männern jeweils zuordnen.*
2. *Vergleichen Sie die zugeordneten Merkmale für Männer und Frauen und diskutieren Sie die Ergebnisse in der Gruppe.*

TE

Die traditionelle Vaterfigur

Die Frau des berühmten Schriftstellers Erwin Strittmatter, selbst eine anerkannte Schriftstellerin, erinnert sich an das Verhältnis ihres Mannes zu seinen Söhnen.

Q

In den Kinderjahren der Söhne fielen Zwiespalt und Zweifel nicht so auf, ihre Lebenslust, ihre Liebe zu mir, ihre Dankbarkeit für die Erfindung von Freuden erheiterten meine Tage, machten mir Glück und vervielfachten Kraft, da war Sinn und gute Müdigkeit und das Bewusstsein erfüllter Pflicht: denn die Pflicht der Mütter, die Kinder zu hegen und das Dach zu hüten, unter dem sie geborgen sind, gilt wohl noch immer. Und das Bild des Vaters vor ihnen aufzurichten, der unsichtbar blieb in langen Stunden der Arbeit, und wenn sie ihn sahen, oft abgelenkt, missgestimmt und verzweifelt war, war eine zusätzliche Pflicht oder mehr: eine Sache der Gerechtigkeit, denn Leben ist schwer für jeden, der schreibt.

Aber nun zeigt sich, dass die Söhne sich, wie alle Menschen, ihr eigenes Bild gemacht haben von dem, was mit ihnen und um sie geschah, und Zuwendung, die es nicht gab, ist mit Erklärung der Gründe nicht auszugleichen. Sie lieben Erwin als Schriftsteller, lesen seine Bücher, an deren Entstehung sie, als sie heranwuchsen, hörend gelegentlich teilnahmen, aber als Vater ist er die strenge, entrückte Gestalt geblieben, die er durch seine Arbeit für sie immer war, sie sind ohne Zutraulichkeit und Harmlosigkeit ihm gegenüber, können nur mühsam von ihrem Leben, von ihrem Wollen und Wünschen sprechen mit ihm, die *Distanz* ist zu groß. Mit mir können sie reden wie immer, unser Gespräch ist seit den frühen Tagen nie abgerissen, ich bin die Vertraute ihrer Nöte und Kümmernisse geblieben. Erwin leidet darunter und sagt: „Deine Söhne und du ...“.

(Eva Strittmatter: Mai in Piestany. Aufbau, Berlin und Weimar 1990, S. 141 f.)

A

1. *Wie beschreibt Eva Strittmatter die Beziehungen ihres Mannes zu seinen Kindern in Differenz zu ihrer eigenen Rolle als Mutter?*
2. *Welche Verluste sind mit dieser Vater-Rolle für den Vater selbst verbunden? Überlegen Sie, aus welchen Gründen der Schriftsteller Strittmatter dennoch an dieser Rolle festhielt?*
3. *Recherchieren Sie, ob es sich eher um persönliche Charakterzüge Strittmatters gehandelt hat oder ob sich zwischen dessen Verhalten und dem Verhalten anderer berühmter Väter seiner Zeit, etwa Thomas Mann, Parallelen ergeben.*
4. *Sind Sie der Meinung, dass diese traditionelle Vaterfigur heute noch von Bedeutung ist?*
5. *Rekonstruieren Sie neue Vaterbilder in unserer heutigen Gesellschaft, die sich als Gegenbilder zu diesen traditionellen Vaterfiguren verstehen lassen. Denken Sie dabei aber nicht nur über Gewinne, sondern auch mögliche Verluste nach, die mit diesen neuen kulturellen Lebensmustern verbunden sein könnten.*

Dimensionen von „Geschlecht"

ÜB

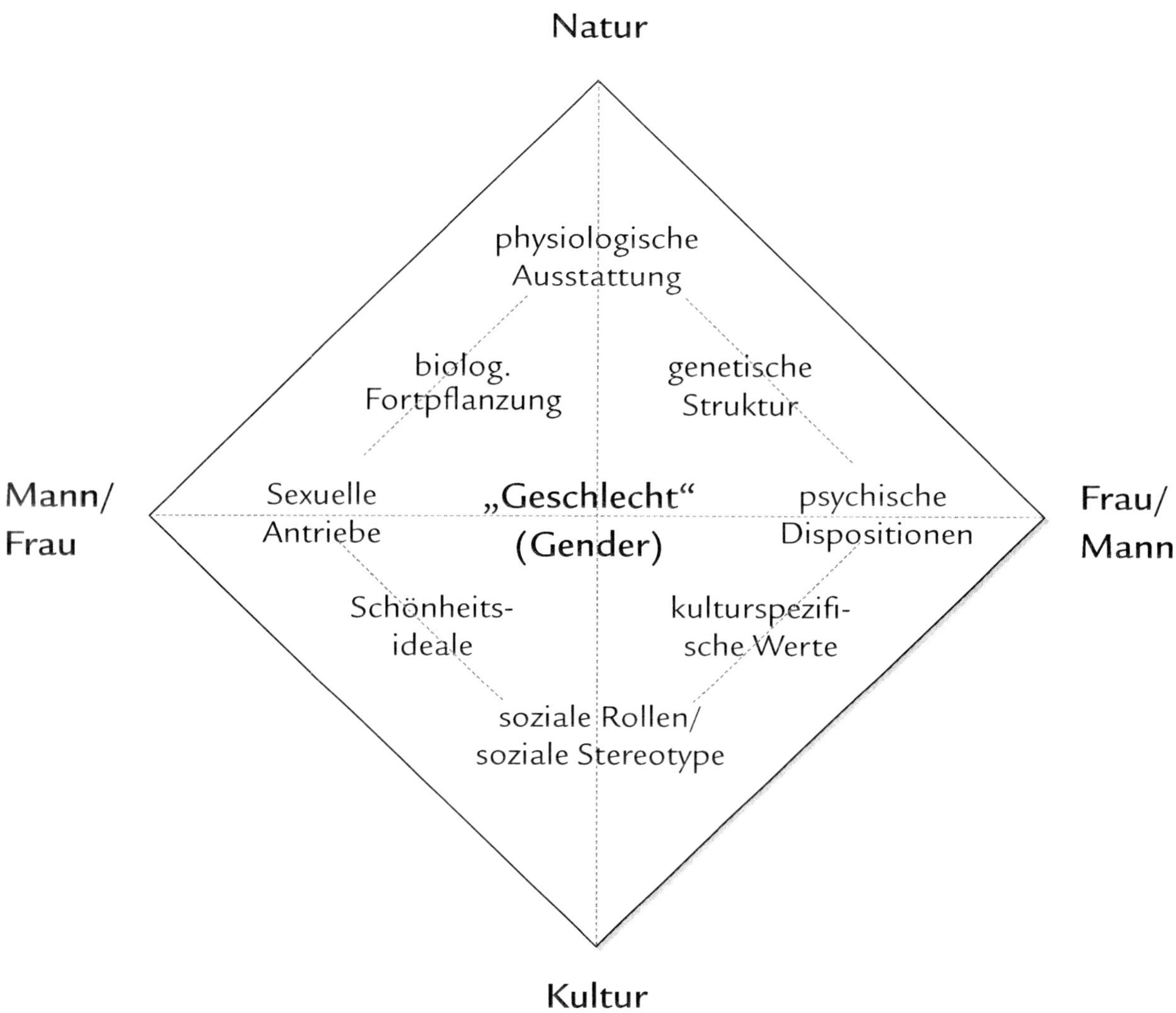

TE

Freiheit und Determiniertheit

Q

Sind wir frei, unsere Zukunft zu gestalten?

Arvid und Maria, zwei jugendliche Hausbesitzer, unterhalten sich.
„Eigentlich habe ich über die Zukunft nachgedacht. Ich hab überlegt, ob sie genauso festgelegt ist wie die Vergangenheit."

„Kann sie doch gar nicht. Die Zukunft hängt davon ab, was wir jetzt machen. Wir haben dieses Haus doch besetzt, um die Zukunft zu verändern."

„Können wir die Zukunft wirklich verändern? Wenn das, was wir tun, Auswirkungen hat und die Zukunft beeinflusst, dann sind wir es ja, die die Zukunft bestimmen. Diese und keine andere."

„Natürlich beeinflussen wir die Zukunft mit dem, was wir tun. Aber ich hab eigentlich darüber nachgedacht, ob wir überhaupt etwas anderes tun können als das, was wir tatsächlich tun. Ist es nicht eine Kombination aus genetischem Erbe, Erfahrungen, die uns zu dem macht, was wir sind? Und da wir nun mal sind, wie wir sind, und die Welt aussieht, wie sie ist, vielleicht können wir gar nichts anderes tun als das, was wir tun."

(R. Ohlsson: Der Sinn des Lebens. Carl Hanser, München 1998, S. 10 f.)

A

1. *Arbeiten Sie heraus, worin sich Arvids und Marias Ansichten über das Verhältnis von Freiheit und Determiniertheit unterscheiden.*

2. *Argumentieren Sie ausführlich zu der Frage, ob wir nichts anderes tun können als das, was wir tun.*

Verantwortungsdimensionen

ÜB

Fragewort	Verantwortungs-dimension	Inhaltliche Erläuterung
1 **Wer?**	Verantwortungssubjekt (S) (Verantwortungsträger)	• zurechnungsfähige Personen • organisierte soziale Gruppen • politische/soziale Institutionen
2 **Wofür?** (Was?)	Verantwortungsobjekt (O) (Verantwortungsgegen-stände bzw. -bereiche)	• Handlung – Handlungsfolgen • für sich selbst – für andere • Tun – Unterlassen • Mensch – Natur • Gegenwart – Zukunft
3 **Wem gegenüber?** (Vor wem?)	Verantwortungsinstanz (I) (Institutionen mit Kontroll- und Sanktionspotential)	• transzendente Instanzen: Gott, Schöpfer etc. • soziale Instanzen: die öffentliche Meinung • juristische Instanzen: das Gericht • interne moralische Instanz: das Gewissen
4 **Warum?** (Weshalb?)	Verantwortungsgründe (G) (Maßstäbe für die Zuschreibung von Verantwortung)	• geltende rechtliche Gesetze • übergreifende moralische Normen und Prinzipien

TE

Verantwortung in sozialen Beziehungen

Q

Die zeitgenössische Philosophie und Literatur quellen über von Klagen über die Last, die uns das Leben in der Gesellschaft aufbürdet. [...] Viele Argumente sprechen für solche Proteste und solchen Argwohn. In modernen Gesellschaften werden die menschlichen Beziehungen notwendigerweise unpersönlich, hastig und bürokratisch, das heißt „kalt" [...]. Der Einzelne wird immer stärker überwacht und gezwungen, sich bestimmten gemeinsamen Normen, Regeln und Maßstäben zu unterwerfen [...]. Trotz soviel Kontrolle haben viele Bürger wenig von den Vorteilen des Gemeinschaftslebens, leben in Elend und Verlassenheit. Zu allem Überfluss gab es im 20. Jahrhundert grauenhafte Beispiele dafür, welchen umfassenden Terror ein diktatorischer Gemeinschaftswahn über die Einzelnen ausübt. Solch extreme Tiefpunkte menschlichen Zusammenlebens können uns vergessen lassen, dass die Gesellschaft nicht nur ein fremder Menschenhaufen ist, der von unserer Autonomie, unserer Eigenständigkeit, Besitz ergreift. Stattdessen ist sie ein Erfordernis unseres menschlichen Wesens, ohne das es gar nicht möglich wäre, diese Autonomie, über die wir so eifersüchtig wachen, zu entfalten. [...]

Schränken uns aber die anderen und die Institutionen, die öffentlichen Einrichtungen, die wir mit ihnen teilen, in unserer Freiheit ein? Vielleicht sollte man die Frage anders stellen: Macht es Sinn, von Freiheit ohne Bezug auf Verantwortung zu sprechen, das heißt auf unsere Beziehung zu den anderen? Sind es nicht gerade Institutionen – angefangen mit den Gesetzen –, die uns deutlich machen, dass wir frei sind, uns ihnen zu fügen oder ihnen zu trotzen, ebenso wie sie einzurichten oder aufzuheben? [...] So berechtigt die Proteste gegen die tatsächlichen Formen jeder heutigen Gesellschaft sein mögen, bleibt es ebenso gewiss, dass wir menschlich *für* und *durch* unsere Mitmenschen geprägt werden. Das ist unser Schicksal als sprachbegabte, das heißt symbolschaffende Wesen. Bei der Geburt sind wir zur Menschlichkeit „fähig", doch wir erfüllen diese Fähigkeit – zu deren Zügen individuelle Autonomie gehört – nicht mit Leben, solange wir nicht die Beziehung zu anderen genießen und erleiden. Die Beziehung zu anderen ist mit Sicherheit nie überflüssig oder ein bloßes Hindernis für die Entwicklung unserer Individualität. In Wirklichkeit kann sie sich nur in den Beziehungen zu anderen festigen. Um uns selbst kennen zu lernen, müssen wir zuerst von anderen *erkannt* werden. So belastend uns der Umgang mit anderen bekommen mag, wäre doch nichts so zerstörerisch wie seine völlige Abwesenheit – wenn wir von anderen völlig und dauerhaft unerkannt blieben.

(Fernando Savater: Die Fragen des Lebens. Campus, Frankfurt/New York 2000, S. 192 ff.)

A

1. *Welche Erfahrungsgründe kann es nach Savater dafür geben, dass manche Menschen die Gesellschaft lediglich als lästige Begrenzung des eigenen Selbst begreifen?*
2. *Warum ist die Determination des Menschen durch die jeweilige Gesellschaft mehr als eine Fessel für den Menschen? Zeigen Sie anhand bestimmter menschlicher Wesenseigenschaften wie der Sprache, dass diese als Potenzen zwar im Menschen angelegt sind, sich aber nur im Verlaufe der Sozialisation ausprägen.*
3. *Welche Auffassung von der menschlichen Natur legt Savater seiner Verantwortungskonzeption zugrunde? Warum kann der Menschen nur in und durch soziale Beziehungen zu einem verantwortungsfähigen Wesen werden?*
4. *Fassen Sie zusammen: Wie bestimmt Savater das Verhältnis von Freiheit des Einzelnen und Verantwortung?*

Verantwortungsbewusstsein gegenüber Pflichten

TE

Q

Erziehung zum Bewusstsein ethischer Pflichten und zu persönlicher Verantwortung tut unserer Gesellschaft not. Wir müssen zu diesem Zweck keineswegs unsere Gesetze oder gar das Grundgesetz ergänzen. Wohl aber müssen unsere Schulen und Hochschulen, unsere Kirchen, unsere politischen Parteien, unsere Unternehmen und Gewerkschaften erkennen: Die Verfolgung von Rechten ohne Pflichtbewusstsein kann ins Chaos führen. Verantwortungsbewusstsein gegenüber Pflichten setzt voraus, dass ich meine Pflichten erkenne; deshalb muss die allgemeine Erziehung zur Kritikbereitschaft die kritische Fähigkeit zur Erkenntnis meiner eigenen Pflichten einschließen. Der alte römische Grundsatz „Salus populi suprema lex" bleibt dafür eine gute Orientierung.

Die Diskussion des Entwurfes für eine allgemeine Erklärung der Menschenverantwortung wird im Westen mindestens zwei Haupteinwände zutage fördern. Zum einen werden sogenannte Realpolitiker sagen, es handele sich um Idealismus, der weder Aussicht auf allseitige Akzeptanz noch auf tatsächliche Befolgung habe. Zum anderen werden engagierte Verfechter der Menschenrechte sagen, wenn der Entwurf zur Erklärung der menschlichen Verantwortlichkeit als Zwilling oder Pedant zur Menschenrechtserklärung angesehen werde, dann bestehe die Gefahr, dass die Menschenrechte auf die Ebene der bloßen Moral transponiert würden. In Asien dagegen werden manche sagen, zwar komme der Entwurf wesentlichen Prinzipien asiatischer kultureller Traditionen entgegen und sei deshalb zu begrüßen; aber seine ausdrückliche Anlehnung an die Menschenrechtserklärung sei überflüssig, abträglich und deshalb abzulehnen.

Mahatma Gandhi hat sieben „Soziale Sünden" aufgezählt, an der Spitze standen „politics without principles" und „commerce without morality". Wer will dem widersprechen? Jüngst hat die „Financial Times" in einer Besprechung des Entwurfes zur Erklärung der menschlichen Verantwortlichkeit geschrieben: „Richtig: Wir brauchen allgemeine Regeln guten Geschäftsbenehmens. [...] Eine *Universal Declaration of Business Responsibilities* könnte zum allgemeinen Nutzen in die Gehirne der Unternehmensvorstände durchsickern." Auch dieser Ansatz könnte fruchtbar werden, wenn tatsächlich der Entwurf zur Erklärung menschlicher Verantwortlichkeit eine weltweite Diskussion auslöst. Er wird jedenfalls in der UN und deshalb in den Regierungen zur Diskussion stehen.

Darüber hinaus würde eine öffentliche Diskussion dazu beitragen, dass wir uns wieder an die Grundeinsicht erinnern, nach der wir Bürger nicht nur Rechte zur Abwehr fremder Willen haben, sondern ebenso Pflichten und Verantwortlichkeiten gegenüber unseren Mitmenschen. Keine Demokratie und keine offene Gesellschaft kann auf die Dauer Bestand haben ohne das doppelte Prinzip von Rechten und Pflichten.

(Helmut Schmidt (Hg.): Allgemeine Erklärung der Menschenpflichten. Piper, München 1997, S. 11 ff.)

A

1. *Wie begründet Helmut Schmidt die Notwendigkeit der Einführung von Menschenpflichten? Warum kann die Wahrnehmung von Rechten ohne korrespondierendes Verantwortungsbewusstsein ins soziale Chaos führen?*
2. *Welche Haupteinwände lassen sich gegen das Konzept der Menschenpflichten vorbringen?*
3. *Positionieren Sie sich selbst im Streit pro/contra Menschenpflichten.*

Notizen